由象及道

悟「春意」

审题立意 素材择取

标题拟写 谋篇布局 语言润色

雅礼名师 解密写作
一卷在手 从此无忧

17所雅礼系初中名校320多位评审老师
398个班级参赛2万名学生投稿

雅礼教育集团语文名师工作室成果展示

刘昭文 ◎ 主编

百花洲文艺出版社

图书在版编目(CIP)数据

由象及道悟"春意" / 刘昭文主编. -- 南昌：百花
洲文艺出版社，2020.1
  ISBN 978-7-5500-3611-6

Ⅰ.①由… Ⅱ.①刘… Ⅲ.①作文课–教学研究–中
学 Ⅳ.①G633.342

中国版本图书馆 CIP 数据核字(2020)第 003402 号

由象及道悟"春意"　　刘昭文　主编

责任编辑　杨　旭
特约编辑　张立云
装帧设计　潇湘悦读
出 版 者　百花洲文艺出版社
社　　址　南昌市红谷滩新区世贸路 898 号博能中心一期 A 座 20 楼
电　　话　0791-86895108(发行热线)0791-86894717(编辑热线)
邮　　编　330038
经　　销　全国新华书店
印　　刷　长沙市精宏印务有限公司
开　　本　889 毫米×1194 毫米　　1/16
印　　张　12
版　　次　2020 年 1 月第 1 版第 1 次印刷
字　　数　180 千字
书　　号　ISBN 978-7-5500-3611-6
定　　价　48.00 元

赣版权登字　05-2019-485

网　　址　http://www.bhzwy.com
图书若有印装错误,影响阅读,可向承印厂联系调换

前言

文 / 刘昭文

　　"太极生两仪,两仪生四象",此语源自中华文化的源头《易经·系辞》。"太极"的意思一般释为"道";"两仪"为"阴阳";"四象"是"一年四季"之意,我们可以理解为呈现于四季的宇宙万象。道家的"道生一,一生二,二生三,三生万物"即是由《易经》的这句话阐发而生。这些语句讲的都是万物起源的规律或路径,而我们站在已生万物的这一端来溯源,就应抓住万物之象的各种特征来回溯探究其本源本质或寓于其中的规律、道理等,这才是正道,是谓"由象及道"。中华文化几千年,最擅长的就是形象思维,即以象来观道释道,以象来载道传道,如:以"象形"为基础的"六书"造字法,以"脏象""精气"导引出"体悟"功能的中医学,讲究"观象授时"的天文历法,将"意象"作为审美追求的山水画，等等。

因此我们将承载与诠释中华文化的"语文"学科的学习探究的思维方式概括为"由象及道"只是为了以其"源"式思维来探究其源而已。

雅礼教育集团语文名师工作室成立至今已一年有余。本人坚持工作室的命名应以"语文"一词而非人名为中心语，原因即是：语文，即"语言和文字、文章、文学等"之意，不论何种解释，都是中华文化的外象，是我们中小学师生借以领悟中华文化并改善与提升自我的主要凭借，它是工具，是共同"奋斗"的阵地，是成长依赖的土壤。这是无论哪个人名都无法取代或遮掩得了的"圣名"。我们工作室也正是基于对"语文"的敬仰及对中华文化的敬仰而成立的，宗旨在整合集团语文力量，引领集团师生一道参语文众象而悟语文之道、文化之道，努力实现理解与感悟、表达与创作的自由，从而实现心灵的自由。我们工作室三十来位核心、骨干老师正是因为此志而聚集在一起，来搭建与创造我们心中共同的语文"王国"，成就集团每个学生心中的语文"王国"。

为了更好地践行我们的宗旨，实现我们的目标，帮助我们的学生搭建心中的"语文王国"，工作室拟将"新课程下的课堂逻辑构建与活力生成"作为集团语文研究的主课题及开展各类语文教学活动所围绕的中心。"王国"即是自由，自由即是以活力为前提，活力即是个性的彰显或表达。当今我们的语文课堂，纵观也好，"横览"也罢，有多少还有学生这一个"我"在，更多的是教师之"我"。这一个"教师之我"，我姑且将其解释为"自我""固我""唯我"，也就是说当今语文课堂大部分（不，还是用"很多"一词，免得犯以偏概全的思维病，从而犯众怒）已沦为教师的语文课，教师"牢固"地彰显着"自我"的阵地，有的甚至达到了"唯我独尊"的至崇境界，从始至尾"一言堂"。那么，请问，学生的"我"呢？活力当然无存或所存无几，课堂之象更多是"死寂"之象，特别是高中课堂。此间自然有另一因，那就是应试，那就是鼻尖上的所谓的成绩。但要知道：象不活，何来道之悟。中国学生不敢表达或失却表达的欲望,从而自然失却了创新的能力,与我们的课堂存"教师之我"而忘甚至是灭"学生之我"不无关系。

当然有人会站起来反对:我们还是有很多课堂是非常活跃的,你看从课首到课尾教室里一片嬉笑热闹之象。活跃的课堂当然是有的,即使是用"大部分"这个词也顶多只是涵盖了其中三分之二。但我想那种热闹的活跃课堂是否全部真的显出了活力?热闹是不完全等同于有活力的。热闹的里可能是喧闹、吵闹、杂闹,这些闹应该是与"活力"没有多少关系的,活力之"闹"应是"红杏枝头春意闹"的"闹",它内里涵蕴的是生命逻辑自然"演绎"下而彰显出的如"春意"一样的生机!活力是江河循江河的生命逻辑而奔涌向海的浩瀚之态与浩荡之势,而不是飓风狂搅之下的翻滚,这种翻滚可能是此时甚至是彼时的灾难。我听过一类课,老师把学生分成几组,每组学生任选某一段或某一问题展开讨论,然后由每组学生先后畅谈自己的理解,最后老师稍作总结,仓促"送走"了这一堂课。这样的课堂之象肯定是热闹的,教师表面看起来肯定是没有"自我""固我"与"唯我"的,学生的"我"似乎也达到了极致。但这真的有"活力"吗?此时活力在于此时彼时的生成,这样的课堂真的能产生这样的"生成"吗?这样的教师的"无我"之境是否有"懒我"之嫌,这样的课堂的热闹是否有"喧闹"之嫌?其间到底缺少了什么?

这种喧闹看似张力无限,其实是软绵式的,这里面缺的应是语文课堂应有的力量,一种在不知不觉中能荡起学生的求索欲望及鲜活的生命涟漪的力量,这种力量是一缕风,以纯自然形态显示出来的风,这缕风就是课堂的逻辑之脉。

万象皆自有其生命逻辑或规律,就如每一种生命都有其基因链。我们将这一生命逻辑,谓之曰生命之"道",把握此逻辑,顺道顺势而为,万物必呈鲜活的万象之姿。语文的课堂教学自然也是如此。语文的教学逻辑首先应遵循的是学生逻辑,如果我们真正做到将学生认知逻辑(还有情感变化逻辑等)与知识逻辑、教学的理性逻辑(还有诗性逻辑)、教师个性之我等很好地融贯到教学设计与教学实践中去,让我们的语文课堂以一逻辑之脉暗中贯之,不散漫、不一言堂、不高高矗在讲台上,那么语文课堂必能活力自生,"语文王国"自成!

风因大地而生,而教师就是这一课堂逻辑之风的有意制造者。有意而来,而又化至无形中去。教师在以隐性的课堂逻辑来引领课堂、引领学生,成就"学生之我"中,并不是"懒我",而是将"教师之我"即教师对此课堂所应教授的课文与知识的理解、对学生的了解与理解及教与学流程的巧妙构想暗融其中,以外象无我而内里有我的形式,将自己化为教学活动中的一分子,与学生一起思考探究交流,从而让学生之"我"之个性之生命活力尽显。在学生面前,我们有点像寺庙大扫除时的扫地僧,与小和尚们一起扫除,成就寺庙之洁之净,从而暗中引领弟子们参惮悟道。而实际上我们是这次扫除暗中策划、引领的得道高僧。

顺应新时代而制定的新课程标准最大的变化不是对整本书阅读的强调,而是对教学方法的变革。新课程标准提出要"构建开放、多样、有序的语文课程";要把"自主、合作、探究性学习"作为学生主要的学习方式,通过创设真实的情境,引领学生去主动体验去积极合作去深入探究,把以往以教师为主体的课堂变革为以学生为主体的课堂。为了更好地创设真实的情境,建设以学生为主体的课堂,真正实现学生自主、合作、探究式的学习方式,做到活而不乱、有序而不死寂沉闷,课堂教学的隐性逻辑的构建尤显重要。教师应有意识地把自己修炼成构建这一隐性课堂逻辑的"扫地僧"。

有人会慨叹:说着容易,做起来难。这确实是教学艺术的至高境界,扫地僧几人能为,又有几人愿为?但这至少应成为我们心中课堂教学艺术的那个高标,成为我们向往之而又不断努力向之靠近的那座山,因为这才是课堂教学之"道"。正是基于此,它才有了我们去研究的价值。

少一些所谓的"技",或者说不止于"技",而多一些"进乎道"的努力,语文教学才能活力尽显，才能真正成就一个个"语文王国"，也才能喝退"语文谁都可以教"的荒诞诳语。

因集团17校大部分是初中校，而初中校是集团高中的主要生源基地，因此工作室"新课程下的课堂逻辑构建与活力生成"的教学研究与实践活动近两三年重点放在集团初中语文教学上。其中，重点又在记叙文写作教学。按记叙文写作的知识与教学逻辑，我们将初中记叙文写作教学研究与实践活动暂时分为以下四大板块——审题立意、素材择取、谋篇布局、修改润色，逐板块展开探究，至今已初见成效。这里要特别感谢中雅培粹金路老师、雅礼雨花刘蓉老师、南雅曾素云老师、雅实金子靖老师为工作室教学研究已经和正在做出的所有努力！

为了全面了解集团初中写作与教学现状，从而更好地从"逻辑构建与活力生成"的角度研究初中写作教学，从上学期三月开始，工作室策划和组织了集团初中学校初一初二年级同题作文大赛。从活动的构想策划到今天研究报告的最后生成，共历时七个月，三个季节。本次参赛学校达17所之多，其中包括：南雅中学、北雅中学、雅礼实验、雅境中学、南雅湘江、中雅培粹、怡雅中学、雅礼洋湖、雅礼雨花、怀化雅礼、雅礼天心、雅礼麓谷、岳阳雅礼、西雅中学、株洲南雅、长雅中学、稻田中学（排名不分先后）。参与组织、评审的老师有320多位，参赛班级有398个，参赛学生人数有2万多。这里特别感谢参与大赛的可敬的老师们和可爱的同学们，因为有你们在，雅礼才更精彩，中国教育才会更辉煌！

竞赛始自阳春三月，炜伟老师眼见满园蓬勃春象，心盈盎然生机，满怀激情地拟下了"我悟春意"这一竞赛赛题。四月始。

> 两万青衿同题竞，文思泉涌美酿成；
> 千篇锦绣生文苑，无限春机蕴其中。

为了更好地落实大赛服务于研究、服务于写作指导,赛后工作室特聘专家、核心与骨干等对此次参赛作品进行了深入的研究,并分组分角度写出了高质量的研究报告。其中分工如下:

佳作赏鉴:徐昌才(特聘专家)

审题立意:刘炜伟、金路、陈艳辉、吴周密、金子靖

素材择取:陈宏资、曾艳红、张文芳

标题拟定:张妍、曾素云、向丽

谋篇布局:周述乔、周翠平、谢旭梅

语言特色:刘智锋、海霞、吴斌

可爱的学生们于春象中参悟春意春道,而撰就千篇佳作。而我们可敬的老师们,于弟子习作各象——情感之象、结构之象、素材之象、文辞之象、文题之象——之中,深研"春意"之作中的写作之道,撰写了近二十篇深度研究佳作,虽不能说字字珠玑,但绝对是:

睿智深研成佳作,哲思涵蕴著锦篇。

由象及道悟春意,潘江陆海起雅园。

谢谢可敬的老师们!谢谢可爱的孩子们!因为有你们在,我们的教育才更精彩!

2019 年 10 月 22 日

（作者系中学高级教师,雅礼中学语文教研组长,雅礼教育集团语文名师工作室首席,长沙市卓越教师学科带头人）

目录

前言　　　　　　　　　　　　　　　　　　　　　刘昭文 | 001

◎大赛概述

大赛总结 >>>

亮剑湖湘春意起,缀文雅苑莲花香

　　——雅礼教育集团首届作文大赛总结报告　　　 | 002

大赛题目 >>>

雅礼教育集团首届作文大赛题目　　　　　　　　　 | 009

点评专家 >>>

大赛特聘专家介绍　　　　　　　　　　　　　　　 | 010

◎ 名师研究

审题立意篇 >>>

一"题"激起千层浪,深意催生万朵花

　　——雅礼教育集团作文大赛命题审题立意谈　　刘炜伟 | 018

意之于文,帅之将兵

　　——雅礼教育集团作文大赛审题立意研究报告　　金　路 | 023

九皋凤鸣高远意,姹紫嫣红万千春

　　——浅谈"春"之作文立意　　陈艳辉 | 027

意者一身为主脑,文以载道统全篇

　　——雅礼教育集团作文大赛审题与立意分析报告　　吴周密 | 031

以深意之笔,赴春意之约

　　——审题立意分析报告　　金子靖 | 035

素材择取篇 >>>

甄选岁月珠玑,涵养生命气象

　　——谈新课标下作文素材甄选策略及原则　　陈宏资 | 039

百花齐放春意浓   曾艳红 | 047

灵活选取素材,璞玉巧变美玉

    ——浅谈初中作文素材的择取   张文芳 | 051

标题拟写篇 >>>

明眸第一瞥,题好一半文

    ——雅礼教育集团首次作文大赛拟题优劣谈   张　妍 | 056

标题摄全文,巧取在内功

    ——雅礼教育集团首届"春意"作文大赛拟题初探

                       曾素云 | 062

题好一半文,点睛成佳篇   向　丽 | 070

谋篇布局篇 >>>

厚德由物载,细目须纲张

    ——中学生文章写作结构浅说   周述乔 | 074

思深方益远,谋定而后动   周翠平 | 077

小谋略,大格局

    ——谋篇布局角度分析报告   谢旭梅 | 082

语言润色篇 >>>

这些娃，都不好好说话　　　　　　　　　　刘智锋 | 086

让典雅而个性的语言熠熠生辉　　　　　　　海　霞 | 091

写作教学中的语言升格训练策略　　　　　　吴　斌 | 094

◎ 特等作品

1919 的春天　　　　　　　　　　　　　　张婧珂 | 100

一城春生·半树春落　　　　　　　　　　　孙雅歆 | 104

不负春意　　　　　　　　　　　　　　　　文　奕 | 107

破冰而行的春　　　　　　　　　　　　　　唐源清 | 110

覆一尺春光奔远方　　　　　　　　　　　　蔡津宜 | 113

醒了！　　　　　　　　　　　　　　　　　宋浩然 | 116

春之道　　　　　　　　　　　　　　　　　石可汉 | 119

行走在春天里　　　　　　　　　　　　　　胡骏晨 | 121

欣赏春天　　　　　　　　　　　　　　　　王子轩 | 124

春花虽谢但留籽　　　　　　　　　　　　　梁家瑜 | 126

◎教学实践

课堂实录:材料作文的审题与立意　　　　　　　金　路 | 130

教学反思:中考材料作文教学

　　——由执教《材料作文的审题立意》谈起　　金　路 | 142

课堂实录:巧择素材立意明

　　——写好自己的故事　　　　　　　　　　曾素云 | 146

教学反思:巧择素材立意明

　　——写好自己的故事　　　　　　　　　　曾素云 | 154

课堂实录:谋篇布局之捕捉转机　　　　　　　刘　蓉 | 158

教学反思:作文的布局谋篇之捕捉"转"机　　　刘　蓉 | 166

后记:春章里的雅礼气象　　　　　　　　　　刘昭文 | 170

由象及道悟"春意"

大赛概述

大赛总结
大赛题目
点评专家

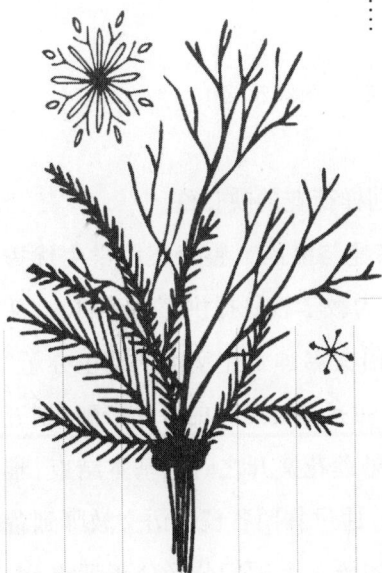

DASAIGAISHU

—— 大 赛 总 结 ——

亮剑湖湘春意起，缀文雅苑莲花香

——雅礼教育集团首届作文大赛总结报告

∨∨
∨∨

三月芳菲蕴春意，仲夏莲香飘雅园！

只有满塘藏蕴盎然春意，才有夏日别样荷花的映日红。

为了激发雅礼集团中学生的写作兴趣与潜能，整合集团学生优秀习作，推动集团学生写作水平的整体提高，为教学教研提供第一手材料，从而推动"雅礼语文"的整体进步，雅礼集团语文名师工作室本学期主办了"雅园春意生"首届作文大赛。大赛从开学之初春日暖照时的开始酝酿，到五月夏日初炎时的正式推动，到七月酷日高悬莲花盛开之时的基本结束，雅礼教育集团首届作文大赛共历时五个多月。通过集团各校从语文教师到备课组长到教研组长层层评比推选，并经集团语文名师们公平公正评审，本次大赛共产生一等奖选手 127 人，其中金牌写手 29 名。本次大赛是雅礼集团语文首次集体亮剑湖湘大地，可谓精彩纷呈。

一、学生参与之广

本次参赛学校达 17 所之多，其中包括：南雅中学、北雅中学、雅礼实

由象及道悟"春意"

验、雅境中学、南雅湘江、中雅培粹、怡雅中学、雅礼洋湖、雅礼雨花、怀化雅礼、雅礼天心、雅礼麓谷、岳阳雅礼、西雅中学、株洲南雅、长雅中学、稻田中学(排名不分先后)。参赛班级达 398 个之多,参赛人数达 2 万之众,学生参与率高达 82.1%。

二、教师参与之众

本次大赛,名师工作室所有成员、17 所学校语文教研组长及初一、初二两个年级所有老师全部参与到了宣传、促稿、评审每一个环节之中。参与教师人数多达 320 位。

三、活动历时之久

从 3 月开始策划到 9 月研究报告完成,整个活动预计历时 180 多天,其中大赛核心阶段即学生参赛到作品最终评定,其间历时 60 多天。目前学生参赛及作品评选阶段已顺利结束,活动成果正在整理中。

大赛策划与筹备:2019 年 3—4 月

大赛投稿与审评:

投稿:2019 年 5 月 1 日 00:00—2019 年 6 月 1 日 23:59

初评(语文教师):2019 年 5 月 21 日—6 月 7 日

二评(备课组长):2019 年 5 月 31 日—6 月 11 日

三评(教研组长):2019 年 6 月 12 日—6 月 13 日

终评(组 委 会):2019 年 6 月 18 日—7 月 3 日

作品研究与结集:2019 年 7 月 4 日—10 月 20 日

四、作品评审之严

本次大赛采取网上参赛形式。其中校荐环节采取三评制,班级任课教师初评,年级备课组长二评,教研组长三评;工作室终评实行三组三轮封闭

评卷制,以确保评审公平公正。具体的评审过程如下:

(一)校内评审,采用线上评审方式

初评:各语文老师对本班作品进行初评。基础评语点击选项自动生成;个性化评语自由添加;每班推选优秀作品 2~3 篇(参评);推选的作品,请老师们添加个性化评语。初评进入班级上传作品总数前 10% 的同学授予集团三等奖;初评进入班级上传作品数量前 5% 的同学授予集团二等奖。

二评:备课组长在平台查看各班推选的优作,推选出本年级优作 6 篇(欢迎给推选出的优作撰写二次评语)。

三评:教研组长在平台查看全校优作,推选出本校优作每个年级各 4 篇(欢迎给推选出的优作撰写三次评语)由教研组长提交到终审团的作品授予集团一等奖。一等奖作品将出专辑在全集团推广。

(二)组委会终评,采用线下评审方式

为了确保评审公平公正,营造工作室各骨干分工协作、集体联动的工作氛围,让工作室的每位成员通过评阅了解兄弟学校写作实际情况,从而使工作室每位骨干更细致更深入地逐层逐句逐词并多角度(主题、角度、内容、语言、技法等)品评作品,为集团大赛作品研究分析报告的撰写做准备,本次作文大赛终评采取三评制,线下进行,评阅务求细致全面,从主题、角度、内容、材料、结构、语言、技法等进行深入品评。阅卷教师在每轮评阅中,在重点评阅自己所负责作品前,浏览至少 10 篇其他作品,以更好把握尺度,并较全面了解大赛作品情况。具体操作如下:

工作室 33 位骨干教师共分为 3 组,分设组长;将隐匿作者信息的 127 篇作品也分为 3 组。第一轮评阅首先把 3 组作品分投到 3 个阅卷组,由组长分派每位老师评阅的作品;然后每位老师将打出的分数发给组长;最后,

组长汇总分数后交给首席。然后首席再把各组作品又投到不同阅卷组,进行第二轮、第三轮评分。这样一个作品共三个分,取平均值,保证了终评的准确度、公平性、公正性。

五、技术含量之丰

本次作文大赛得到了马智君老师、刘兵老师的大力支持与指导,以大数据时代中学生作文网络智能教育的研究为背景,与人人通作文平台合作,采取线上投稿,线上评阅与线下评阅相结合的方式进行。作文大赛从立意、内容、结构和语言四个方面制定了量化的评分细则,评委们可以根据具体的写作情况点击平台上相应的条目,从而自动生成评语。批阅之后,班级、学校、集团可以在平台上查看作文报告,包括本班、本校、本集团的作文完成情况、作文评价情况、作文分数区间分布图、作文维度平均分雷达图,从而对本次大赛进行科学、细致的数据分析,为集团工作室的作文研究提供必要的依据。

（总雷达图）

中心 (14.1/20)
内容 (9.91/15)
语言 (9.46/15)
结构 (6.84/10)

中心 (13.91/20)
内容 (9.86/15)
语言 (9.18/15)
结构 (6.78/10)

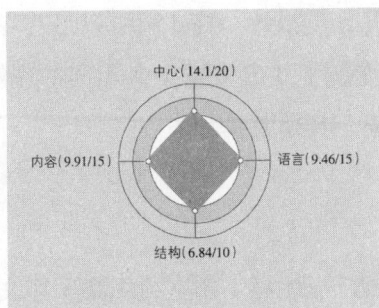

雅礼集团作文大赛初一年级雷达图　　雅礼集团作文大赛初二年级雷达图

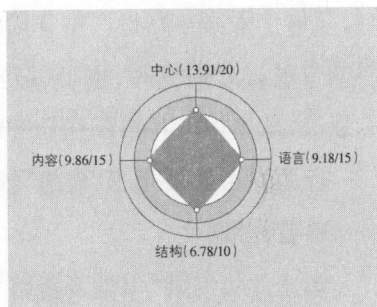

六、关注热度之高

此次大赛,有一万多学生家长积极参与其中,帮助小孩打稿、校稿、上传稿件等。此外,大赛还获得众多社会人士的关注,并对大赛给予了高度评价。一些集团外的学校也有意参与作文大赛,由于规则所限未能如愿,下次工作室会考虑社会的需求。

七、指导意义之强

为了真正达到大赛既定目的,即"激发雅礼集团中学生的写作兴趣与潜能,整合集团学生优秀习作,推动集团学生写作水平的整体提高,为教学教研提供第一手材料,从而推动'雅礼语文'的整体进步",大赛组委会除了组织参赛与评审外,还采取了或将采取如下配套举措:人人通作文平台线上同步名师进行了作文写前指导;下学期开学之初,集团将会组织线上线下两种形式的作文讲评与总结;以本次大赛作品为对象,从多角度撰写详细而深入的研究报告。研究报告任务详细安排如下:

雅礼集团语文名师工作室的核心与骨干成员将参与撰写多角度、细致化的研究报告。分为前言、鉴读、审题立意、标题拟定、素材择取、布局谋篇、语言特色、结语八部分。除前言、鉴读与气象情怀,每板块有 3 人负责撰写,即每个板块专题将产生 3 篇研究分析报告。这 3 篇可以是此专题下从不同角度去分别撰写,也可以是此专题下 3 人根据个人不同的理解、认识与思考,从整体上各自阐述研究结果。具体安排如下:

标题:《由象及道悟"春意"》

前言:刘昭文

解读此集书题"由象及道悟'春意'";述写工作室组织集团作文大赛的初衷;总结大赛的开展情况,从师生的角度,从上交作品整体角度(前为象);陈述大赛的意义;表达对大赛的感悟与展望(后为道)。

鉴读:徐昌才

就首届作文大赛部分特等奖作品,有重点地从主题、技法、语言等方面进行美学鉴读。

第一章　审题立意:刘炜伟、金路、陈艳辉、吴周密、金子靖

通过对赛题的审读细思,从命题意图、审题途径方法、立意的方法及可能的立意角度、审题立意的优劣及原因分析、解决策略等方面,对赛题进行分析。对教与学的建议等。

第二章　标题拟定:张妍、曾素云、向丽

题好一半文,分析总结本次作文大赛标题的优缺点及原因、解决策略等。从标题与审题立意之间的关系,标题与布局谋篇之间的关系,标题对素材择取的影响,以及标题的语言学意义等方面进行分析,并对教与学提出建议等。

第三章　素材择取:陈宏资、曾艳红、张文芳

结合此类竞赛文题及参赛作品,对素材择选的意义、难度所在及原因、择选的方法路径等进行研究分析;并对此次作品素材择取的个性、丰富性、鲜活性及存在的问题等进行探究;对素材优劣做比较分析,包括具体表现、形成原因、改进策略等。分析时,可适当结合参赛作品外名家名篇的个性语言进行比较,对教与学的建议等。

第四章　布局谋篇:周述乔、周翠平、谢旭梅

对此次参赛作品从谋篇布局的角度进行研究分析:谋篇布局的逻辑性、鲜活性(活力彰显)及其意义,此次各类作品各种布局特点,具体表现,优劣比较,原因分析,改进策略;对不同文体的谋篇布局的参考性见解等。分析时,可适当结合参赛作品外名家名篇的个性语言进行比较,对教与学的建议等。

第五章　语言特色:刘智锋、海霞、吴斌

结合此次作品的语言使用,对作品语言的个性与共性、丰富性与鲜活性、逻辑构成与活力彰显及其意义等进行研究分析,并对文章语言构成(含文题)的优劣进行比较分析,包括具体表现、结构分析、原因剖析、改进策略等等。分析时,可适当结合参赛作品外名家名篇的个性语言进行比较,对教与学的建议等。

结语《春章里的雅礼气象》:刘昭文

解读雅礼及时代情怀与气象。从文题及其意蕴,从参赛作品言辞、材料(意象画面事件等)及其情愫情感情怀等(以上即为由作品之象及其意蕴之道的过程),对此次作品内蕴的雅礼及时代情怀与气象进行品悟、挖掘与彰示。文品如人品,此角度分析总结的意义主要在于以写作为引领,对雅礼系学生进行情怀教育。

八、优秀作品之多

本次大赛经过严格的层层评选,最终评选出特等奖作品每个年级各10篇,一等奖作品共117篇,二等奖作品若干,另评选出金牌写手29位。

九、第二届赛制初构

雅礼教育集团第二届作文大赛将吸取首届经验教训,更上一层楼。初步框架设想为:大赛将采取初赛与决赛两轮赛制,其中初赛仍为线上制;**决赛将采取线下制,即采取现场写作比赛的形式,地点初定雅礼中学。**

盎然春意下滋生出的莲花里,有一缕缕奇异的芳踪香迹。这莲香使人想望得心痛,这是夏天渴望的气息,在寻求秋日的圆满。通过本次作文大赛,我们不仅训练了学生的写作能力,发现了集团的优秀写手,还发挥了集团语文名师强大的感召力。在组织比赛的过程中,雅礼教育集团的17所学校已经成为相亲相爱的一家人,大家共同自豪于雅礼给予每一位师生生命的意义和共同的气质。

雅园春意应时起,华夏文采顺势开!

雅礼教育集团首届作文大赛题目

∨∨∨

阅读下列材料，按要求作文。

农历三月，正是"阳春布德泽，万物生光辉"的美好时节。我们可曾思考一个问题：什么是春意、春天的精神呢？

春天是一个充满生机的季节，春阳普照，万物苏生。《礼记》中说"春之为言蠢也"，"蠢"意指万物蠢动不已。《说文解字》中说"春，推也。草春时生也"，解"春"为"推"，强调在"草春时生"的过程中，推破冰封的顽强动力。

春天激发的是每一个人心中的诗情与活力。在春日下，高声吟咏，抒发意气与性情，实在是一件令人神往的事。

思索春意，令人感慨不已。对个人而言，春天正是振奋昂扬、起而行之的季节。对中国而言，跨越冰封的记忆，始终追求自由、平等、文明、富强，无畏险阻，生息不已——这种精神，正是中华民族的盎然春意。

你认为，什么是"春意""春的精神"呢？以上三则材料，引发了你怎样的联想、思考和感悟？请写一篇700~2000字的文章，可以讲述故事，可以表达思考，可以抒发情怀；自选角度，自拟文题，不限文体，不得抄袭，不得套作。

—— 点 评 专 家 ——

大赛特聘专家介绍

∨∨∨

　　为使本次作文大赛更权威,大赛组委会特聘请徐昌才老师担任点评专家,为大赛提供指导和把关。徐老师是雅礼教育集团著名的才子,他在繁忙的教学之余,还创作了大量的文艺作品,如今著作等身。特附其简介和精彩点评一篇。

　　徐昌才简介:长沙市雅礼中学高级教师,长沙市作家协会理事,长沙市社会科学优秀人才,衡阳师范学院硕士研究生导师,湖南省作家协会教师作家分会副主席,中国侗族文学学会常务理事,中国作家协会会员,2012年度湖南省中小学教育界唯一入选中国作家协会会员的教师。《香港文汇报》专栏作家,中华语文第一报——《语文报》专栏作家,湖南日报报业集团《科教新报》专栏撰稿人,全国多家语文报特约编辑、栏目主持和专栏撰稿人。已在省级、国家级刊物发表教研文章、文艺评论和散文随笔1000多篇。在《中学语文教学》《语文教学通讯》《中学语文教学参考》《名作欣赏》等国家核心期刊发表学术论文30多篇。已出版《唐诗不妨这样读》《不是不念,只是不见》等专著20部。

附:评点《1919 的春天》

这是 1919 年的巴黎。(**点出春天为好?**)

世界大战刚刚落下帷幕。巴黎,历史长河中苏醒的花都啊,你是否真如诗者们所云,美丽又神秘?漫行河岸,凄美而浪漫的夜曲,是醉人的花藤,还是狡黠的银蛇?艺术之都,仍弥漫着战争后的硝烟。(**诗情画意,渲染环境,留存疑问,埋下伏笔,张本后文。**)中国代表们在众人期盼下登上开赴巴黎的航船,巴黎和会。

"嘿,接到通知,原本定好给我们五个席位的,现在减至两席了!"(**波澜陡起,扣人心弦**)

"什么?"

风波顿起,愁色攀上外交官们的眉间。我的心脏狂跳不止,全身的血液沸腾滚烫,胸腔里回响着一声声呜呼。

"顾维钧同志,你将作为第二位代表发言。"(**风波又起**)

我?又是一道响雷,但明亮而坚决,劈开我所有混沌的情愫,大脑飞速运转着,我应义无反顾地挑起此担,中国应该有一位大胆而睿智的诸葛亮站出来面对世界。

"明白!"中国会有一位大胆而睿智的诸葛亮站出来面向世界,在 1919 年的巴黎。(**明亮的回答,铿锵的声音,萦绕心间,久久回荡在时空长河。**)

路途不颠簸,得以空隙投窗观赏巴黎街道。灰黯或沉褐的雕纹,漂浮在建筑上,我想起首都恢宏的故宫,明艳大方的红,琉璃般剔透的蓝,流动般,深深地镶嵌于中国的亭台楼阁,深深地刻进我的灵魂,不同于巴黎的建筑,中国的建筑美丽,奔放却不失得体,稳重却不失韵意。我的嘴里不断念叨着,无声地念叨着,我的五指在发抖,我的身体在打战。(**由此及彼,浮想中国,色调对比,明暗含情。身在异国,魂在中华。**)

中国,熬过了过去半个世纪所遭受的苦痛,现在,我们有机会谋求一种平等的、公平的待遇,我们有机会将山东捧入祖国的怀抱。

昏暗,阴冷,明晃晃的金属反折微光投在了我的身上,已有他国代表到场,生冷的眼部轮廓翕动着,灰蓝或浅棕的眼珠微转,目光扫过我的面庞,双拳不自觉地紧捏。(神态出神,意态显意。)

山东问题,这是议事日程上唯一的问题,在此之前,日本已提出由其继承德国于山东的权益,这将是艰苦的一役。有人说,中国是弱国。我抬头,看到的不是穹顶,也不是天。我看到春日里的阳光,颤巍巍地拂过大地,这春天的光肯定不属于巴黎,巴黎是没有这般明亮的色彩的。春天会跨越千里从中国踏向此地吗?我的双腿放置于巴黎的会议厅地面,却像踩在黄土上。(你站在哪里,中国就在哪里;你光明,中国就光明。)

这是 1919 年 1 月 28 日的上午。

一步,我仿佛听见心脏在嗡鸣;又是一步,我好像感受到了心腔的震动。一步,我的血液在流淌,我的血液是红色的,像中国的玛瑙瑰玉,像中国的锦缎丝绸。数双眼正聚焦于我,聚焦于我黄色的皮肤上,我站立在演讲台上,就像站立在东南亚的丘陵上,我的背脊挺直。(我挺直了脊梁,我站成了高山,我站成了雪原,我站成了中国。)

"尊敬的主席阁下及各位代表,我很高兴能在此发言。"(我是中国,中国是我,此时此刻,此地此境。我是你的十亿分之一,我是你九百六十万平方公里的总和,我是你呀呀作响的古老的水车,我是你奔腾流淌的滔滔黄河。)

因为我代表着占全世界四分之一人口的中国。(我背后是泰山,是黄河,是长城,是故宫,是五千年文明,是辽阔沧桑的土地。)"我承认。我国的确在 1915 年和 1918 年签订协议,许诺日本将得到德国在山东的权益。"洪亮明朗,掷地有声,我抬眼环扫过各国席位上的代表们。(承认事实,先让一步。)

"逼迫下的协议难道算是协议吗?那不过是换了一种形式的偷窃,换了一种形式的抢劫！"我继而望向日本代表席上的牧野男爵。（回溯历史，澄清事实，一语中的，义正词严。）

"中国是被迫的，因此中国不应该履行。"台下已有人哗叹。微蹙起我的眉头，捏起双拳，翻译员进行着翻译。山东在这个时候正在春光下生长着春花吧。（紧扣话题，赋予新意。）

"有人说，中国是未出一兵一卒的战胜国。这是对最起码事实的否认。"（摆出靶子。）

我想象花草钻破冰层，出现在未融的残雪中，在中国。

"战争期间，我国向协约国派遣华工就达 14 万人。他们同样在与所有军人一同流血，一同牺牲！他们当中有很多人来自山东省。"

我向前看去，抬头看去，看到了春天。（再看春天，呼应话题。）

"14 万人，他们为了什么？他们为了什么？他们就是为了能赢得战争，换回家乡故土的安宁！中国在战争中也在流血！山东省的人民在战争中也在牺牲！"台下代表们小声地交谈，有人窃笑，有人皱眉，我凝目展掌，抚平衣角上的每一寸皱褶。当第一只鲑鱼跳出水面，中国的春天是不是就会来了呢。澎湃的情绪下，我难以平静。（严正辩驳，有理有据。切入春天，照应话题。）

"山东是中国文化的摇篮，中国的圣者孔子和孟子就诞生在这片土地上。孔子，孔子犹如西方的耶稣。山东是中国的，无论在任何方面，中国都不能失去山东！就像西方不能失去耶路撒冷！"（山东重要，文化重要，类比西方，引人深思。）

有人说，弱国无外交。中国不是个弱国，倘若你见过中国山野的辽阔，天虹的壮丽，倘若你闻过中国春日盛开的繁花，触碰过中国冰雪初融的河流，倘若，倘若你读过中国的诗词，倘若你知道中国人为了自己的民族流淌过多少鲜血、多少苦汗，你就会知道，中国不是个弱国！怯于流血、怯于牺牲的国家，才是弱国！（三个倘若，引导思考，铺叙事实，凸显中国人民的勇敢、顽强，无畏生死，勇赴国难。）

如春雷般，掌声迭起，回荡于会议厅的每一个角落，山东啊，祖国啊，这春雷，你们听得见吗？一股洪流在我的心中冲涌开来，我看见黄河苍劲有力的河水徐徐奔流在山东的大地上，山东人民的皮肤永远是黄色的，他们的母语永远是汉语。（山东，黄河流经的土地，黄色人种的家园，说着汉语的地方。一股洪流冲击我的内心，一股春雷震响我的耳膜。掌声响起来，祖国，我为您骄傲。）

"因此，中国代表团深信，会议在讨论中国山东省问题时，会考虑到中国的主权和领土完整，否则亚洲将有无数灵魂哭泣，世界也不会得到安宁！"（掷地有声，义正词严！正气浩然，义贯长虹。）

"我的话说完了，谢谢。"

我在炽热的目光下走下讲位，步履坚定而又执着，此刻我无暇顾及各国代表的反应。

中国孕育着一种精神，无论积压在中国这片土地上的灰尘有多厚，覆盖在江河上的冰层有多坚硬，无论冬天的霜雪有多冷，无论接下来的路途有多坎坷，中国都会搏动着一颗顽韧的心，无畏牺牲，拉裂冰层，向着一个自由平等而富强的春天迈进！（回扣春天，升华中心，张扬一种伟大的中国精神，昭示一种不可阻挡的前行力量。中国犹如一艘巨舰，扬帆起航，破冰前行；中国犹如一道闪电，划破沉沉黑暗，奔向光明世界；中国犹如一头雄狮，沉睡已经醒来，吼声惊天动地。）

走下演讲台的我眼眶与胸腔一样没由来的热。我听见欢悦的鸟鸣。（鸟鸣报春，春意暖怀。）

这是 1919 的春天。（诗意画面，深沉表述，回应开头，关合春天，留给读者无穷的回味和无限的想象。）

首先,有格局,有境界。王国维有言,词以境界为先,有境界自成高格。叶嘉莹亦云,词以感发为重,感应生活,感动生命,感触思想。读罢此文,心潮起伏,思绪纷纭,神思千里,浮想联翩。这是不是境界的魅力,是不是感发的功效,我不敢说,但是,我绝对相信,好的文章之所以打动人心,一定是文章具有某种力量——情感力量和感发意义。此文让人感发到什么?带给你怎样的心灵激动?换句话说,你读此文,会不会和作者,和顾维钧一样情绪激动,慷慨激昂?一股力量奔涌其间,一股浩气鼓荡文字,你会被裹挟,被点燃,被激励,与顾维钧同频共振,同仇敌忾,与小作者同声相应,同气相求,因为我们是中国人,我们共同拥有一片蓝天、一方土地、一段历史和一道血脉。面对屈辱,澄清历史,据理辩驳,义正词严,责无旁贷,爱国最有力量。回溯历史,置身现场,直视阴沉、冷峻的目光,发表慷慨激昂的演说,宣扬悠悠华夏文化,展示至真至诚情怀,爱国最见深情。回应历史呼声,感发现实生命,弘扬爱国精神,担负时代使命,今天的我们豪情万丈,全力以赴。

其次,要思考,小作者如何感发你我,如何回忆历史,如何描述现场,如何激昂情思。就全文而言,叙事生动,场景典型,描述形象,细节传神,情理兼备,气势充沛,可谓有理、有情、有力、有气,四美俱全,各臻其妙。文以载道,义气先行。浩然之气,至大至刚。气贯全篇,意气逼人。作者知晓历史,敬畏历史,分析历史,于历史回溯之中洞悉真理,于细腻描述之中折射情怀。作者将宏大的主题与具体的叙事相融合,将严正的道理与诗意的表达相融合,将客观的历史与合理的想象相融合,将小我的视角与大我的格局相融合,完美展现博大的人生襟怀与崇高的思想格局,凸显雅礼学子立足当下,反思历史,甄辨事理,捍卫正义的反思精神与担当意识。

最后,文章话说春天而超越春天,紧扣春意而创新春意,凸显作者的创新思维与探索勇气,可圈可点,可敬可叹。一般作者描写春天,或写景抒情,或切景言事,或生发议论,或引证评点,或类比联想,多姿多彩,见仁见智。但是,格局、境界不够,思想、气象平庸。作者别出心裁,另辟蹊径,深入历史的春天,感受文化的春意,沐浴思想的春风,对接时代的精神,妙手为文章满面春风,铁肩担道义气贯长虹。品读佳作,激荡思维,激昂正义,宛如沐浴春风,气血为之澎湃,襟怀为之开阔,实乃进行一次畅快淋漓的精神之旅。

名师研究

审题立意篇
素材择取篇
标题拟写篇
谋篇布局篇
语言润色篇

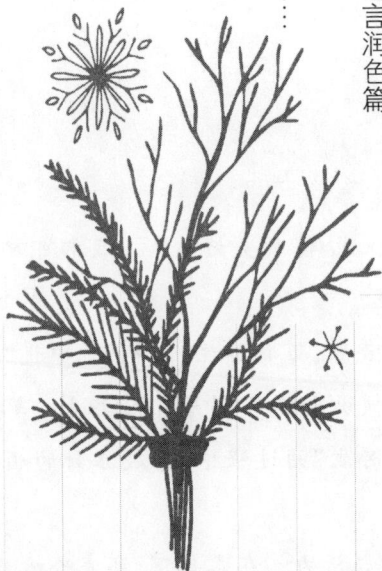

MINGSHIYANJIU

一"题"激起千层浪,深意催生万朵花

——雅礼教育集团作文大赛命题审题立意谈

文 / 刘炜伟

∨∨∨

【写作题目】

阅读下列材料,按要求作文。

农历三月,正是"阳春布德泽,万物生光辉"的美好时节。我们可曾思考一个问题:什么是春意、春天的精神呢?

春天是一个充满生机的季节,春阳普照,万物苏生。《礼记》中说"春之为言蠢也","蠢"意指万物蠢动不已。《说文解字》中说"春,推也。草春时生也",解"春"为"推",强调在"草春时生"的过程中,推破冰封的顽强动力。

春天激发的是每一个人心中的诗情与活力。在春日下,高声吟咏,抒发意气与性情,实在是一件令人神往的事。

思索春意,令人感慨不已。对个人而言,春天正是振奋昂扬、起而行之的季节。对中国而言,跨越冰封的记忆,始终追求自由、平等、文明、富强,无畏险阻,生息不已——这种精神,正是中华民族的盎然春意。

你认为,什么是"春意""春的精神"呢?以上三则材料,引发了你怎样

由象及道悟"春意"

的联想、思考和感悟？请写一篇 700~2000 字的文章，可以讲述故事，可以表达思考，可以抒发情怀；自选角度，自拟文题，不限文体，不得抄袭，不得套作。

【撰写要求】

通过对赛题的审读细思，从命题意图、审题途径方法、立意的方法及可能的立意角度、审题立意的优劣及原因分析、解决策略等方面，对赛题进行分析，对教与学的建议等。

【研究报告】

一、命题意图

2019 年——五四运动百年和新中国成立七十周年，是个特殊的年份。这一年，人们需要回顾和思考中国近代历史。中国人是如何在这一百年里，发掘和爆发出强大蓬勃的生命力，让五千年的古老国度重现"春的精神"，呈现出蓬勃的"春意"。这是一个很有意思、值得探究的命题。十三四岁的少年，正当理解和认同这"少年之中国"。

作文大赛举办的时间，正逢四月。正是林徽因笔下的"人间四月天"。长沙的四月，橘子洲头、岳麓山下，正是"一树一树的花开""燕子在林间呢喃"。走出书斋，嗅一朵花的香，听一段鸟的歌唱，让身和心投身到弥漫着樟树、油菜花香味儿的空气里，走在飘满林花柳絮的河畔，看看夕阳铺在水面的鲜妍与温暖。命题者，希望孩子们打开自己的眼睛。

应试现实的压抑和学业当下的负累，很多孩子的心灵和精神都成了"困局"。"被动""消沉""麻木""羸弱"，缺乏把握命运的"自信力"、积极进取的"自强力"、攻城拔寨的"战斗力"，在一部分少年身上成了常态。成长，是自己的事。从"冬天"走到"春天"，从"黑暗"走向"光明"，由"冰冷"

变得"温暖",孩子们需要自己寻觅出路,需要自己构建通道,要激发勇气和智慧,要学会沟通和行动,来迎接和享受自己的春天。这一层次,是前两个层次立意的出发点。

二、审题途径和方法

拟题过程中,命题者运用了"设问"之法,材料第一段的最后一句话和最后一段话的第一句话重复强调了一个问题:"什么是春意、春天的精神呢?""你认为,什么是'春意''春的精神'呢?"区别在于,后者加了个"你认为"。旨在告诉作者,本次写作目的,就是要正面回答这个问题。很可惜,我们在评卷过程当中,言简意赅、简单明了地在文章的开头或者结尾部分回答了这个问题的作品,少之又少。大部分的作品,都是在叙事和抒情中,模模糊糊地透露了自己的观点,但不清晰,不鲜明,不坚定。

命题材料中间三段,命题者为作者提供了多角度的材料和观点来选择。"季节""文字""景物""春行""个人""国家",可单选一个角度来深挖,但多角度多层次立体立意,显然更佳。

同时,"推破冰封的顽强动力""抒发意气与性情""振奋昂扬、起而行之""始终追求自由、平等、文明、富强,无畏险阻,生息不已"这些议论性的句子,已然"破题"——点明了立意的方向。

《论语·先进》篇:"(曾皙)曰:'莫春者,春服既成,冠者五六人,童子六七人,浴乎沂,风乎舞雩,咏而归。"

杜甫的《绝句》:"迟日江山丽,春风花草香。泥融飞燕子,沙暖睡鸳鸯。江碧鸟逾白,山青花欲燃。今春看又过,何日是归年。"

袁宏道的《满井游记》:"高柳夹堤,土膏微润,一望空阔,若脱笼之鹄。于时冰皮始解,波色乍明,鳞浪层层,清澈见底,晶晶然如镜之新开而冷光之乍出于匣也。山峦为晴雪所洗,娟然如拭,鲜妍明媚,如倩女之靧面而髻鬟之始掠也。柳条将舒未舒,柔梢披风,麦田浅鬣寸许。游人虽未盛,泉而茗者,罍而歌者,红装而蹇者,亦时时有。风力虽尚劲,然徒步则汗流浃背。凡曝沙之鸟,呷浪之鳞,悠然自得,毛羽鳞鬣之间皆有喜气。始知郊田之外未始无春,而城居者未之知也。"

春天的冲破严寒、万物勃发,人们的旷达自由、热情欢喜,精神的激越生长、蓬勃向上,对国家和社会的感恩和热爱,对未来的憧憬和希望。命题者,希望看到雅礼少年精神世界里一个姹紫嫣红的春天。

三、审题立意的优劣、原因分析及解决策略

优劣定位:

1. 将"个人的发展""春天的风物""国家的变化"三者紧密联系起来写,形成了一个三维立体的主题架构。小角度入题,从自身或身边下笔,聚焦于微,见其敏锐功夫,而微中又能展现宏阔视野和深刻思考。此类作文,自然可列"上品"。

2. 从一个角度入题,少年视野自然从"个人"或"风景"较为方便。亦可分主次,写两端:或"个人经历"为主,"风景"辅助;或"写景"为主,穿插"个人情感变化"。让文章"情""景"相得益彰,左右逢源,亦可列"中品"。

3. 若只执一端,或写"个人经历之抑扬",或写"春天景物之冷暖",或干脆写成"中国近代史概论",单薄或虚浮,勉强成文,不知所谓,自然只可屈居"下品"。

原因分析及解决策略:

1. 视野狭窄,皆因阅读的"量"与"质"不足,精神发育不良,自然立意不高。建议老师们自身阅读和指导学生阅读中国传统经典、近代革命经典、当代作家作品,必须三维推进,熔炼为大中国观、大历史观,在历史视野中看新中国,在中国视野中看自身,从自身视野看自然,自然得立意高标,纵横千古。

2. 逻辑构建能力较差,没有二元论的思辨能力,也缺乏"道生一,一生二,二生三,三生万物"的层次演绎能力,因此也就遑论"见微知著、以小见大",进而"三维立体、层层递进"了。建议将课堂变成思维的训练场,让学生在整段话表达的密集练习中训练思维。亦可写作初稿前,学习用思维导图代替写作提纲,逐步学会整理和开掘,形成构建严谨、深刻逻辑能力的训练路径。

(作者系中学高级教师,长沙市雅礼雨花中学教科室主任,雅礼教育集团语文名师工作室核心,长沙市卓越教师骨干)

意之于文，帅之将兵

——雅礼教育集团作文大赛审题立意研究报告

文/金　路

∨∨∨

今夕，转换身份为一名写作者，拿到一道作文题，我要如何写？明朝，作为一名教师，面对一道作文题我又该如何教？这是亟须深思并尝试解决的问题。本文将从审题立意的路径方法及其教学建议两个方面，谈谈对本次集团作文比赛的几点思考。

一、关于"路径方法"的思考

笔者窃以为，写作文，从某种意义上说，其实是一场以文字为载体的对话；是出题人与写作者就某一问题或话题展开的你"问"我"答"的对话。所以审题首先要明确题干问的是什么。不难发现，赛题题干"问"得很明确——"你认为，什么是'春意''春的精神'呢？以上三则材料，引发了你怎样的联想、思考和感悟？""春意""春的精神"是我们写作须阐释的核心关键词。而"以上三则材料"是对核心关键词的多维度解释。

接下来分析材料。材料中的观点有助于我们对春意、春天的精神的思考。

"春天是一个充满生机的季节，春阳普照，万物苏生。《礼记》中说'春之为言蠢也'，'蠢'意指万物蠢动不已。《说文解字》中说'春，推也。草春时生也'，解'春'为'推'，强调在'草春时生'的过程中，推破冰封的顽强动力。"

这一则材料从季节的角度阐释：春天充满生机，春意是万物复苏，是生机勃勃；借助《礼记》《说文解字》对春字进行阐释：春天里有推破冰封的顽强力量，春的精神便在此处。在比赛作品中不乏这类文章，他们或借景抒情，或托物言志，他们对春景进行描摹，将"万物复苏"之万物细化为花草树木虫鱼鸟兽等，或描其生机，或赞其从冬至春从冷到暖推冰破封的力量，以此来写春的精神。

"春天激发的是每一个人心中的诗情与活力。在春日下，高声吟咏，抒发意气与性情，实在是一件令人神往的事。"

这则材料重点言及春与人之间的"激发"关系，强调在春的启发下个人对生命诗意与活力的思考。材料中多了"人"的成长与收获，春的精神不再局限于上一则材料中的"顽强动力"。这里的春天，可以是花坛下破土而出的兰草，可以是"一城春生·半树春落"里的香樟，可以是我眼之所及的春天，也可以是他人（诗人）笔下的百态春天……于是春的精神可以是坚忍不拔的活力（参赛作品《春之道》）；可以是"花开花落"依然知足常乐的乐观豁达，生生不息（参赛作品《欣赏春天》）；可以怅惘迷茫过后重拾初心与乘风破浪（参赛作品《破冰而行的春》）……立意角度更丰富，主题更多元。

"思索春意，令人感慨不已。对个人而言，春天正是振奋昂扬、起而行

由象及道悟"春意"

之的季节。对中国而言,跨越冰封的记忆,始终追求自由、平等、文明、富强,无畏险阻,生息不已——这种精神,正是中华民族的盎然春意。"

第三则材料,春已不再是季节上的春天,它更具隐喻、象征色彩。对于个人而言振奋昂扬、起而行之是春:那么曾经的不懂关爱,一番经历后懂了醒了便是属于自己的春意(参赛作品《醒了》)。对于中国无畏艰险生息不已是春:沉睡的雄狮在1919年苏醒,那是一个国家的盎然春意(参赛作品《1919的春天》)。第三则材料将立意引向深邃。从消极走向积极,从羸弱走向自强,从心灵的冰冷走向温暖……都可以是春意、春的精神。

三则材料在立意上给予我们的是不同的思路,它囊括了"景""人""民族国家"三个维度,逐层递进深入。但"变"中的"不变"是——春的精神都是指向积极、向上、正能量的。

最后,分析完材料,我们需要由发散的思维转向聚焦,从那么多可能立意的角度选择自己的立意——选择符合题意又较有深度的、能说清说透又贴合自身的立意作为行文的核心。

二、关于"教学"的建议

综上所述,审题立意可以分为"找话题—析观点—择情思"三大步骤。

明确命题人和我们探讨的问题或话题是第一步, 这是确保我们写作不偏题的关键。本次赛题关于"'春意''春的精神'为何"的发问很清晰。一旦答非所问,在考场上是得不偿失的。这并非审题立意之难点,教师在平时的作文训练中稍作提点训练即可。

分析材料中的观点是第二步,也是较难的一步。学生要有分层概括、抓关键词中心句、生活关联、求同存异、破立相映、由果溯因、三问追溯等思维意识。比如,本次赛题有三则材料。为什么给了三则材料,它们的共同点是什么? 围绕春意与春的精神,它们的角度又有哪些不同? 春意可以是什么？为什么我认为这是春意？我解释的春意有何生活依托？分析观点这一步骤需要培养学生的逻辑思维。一道题不可能囊括所有思维方式的训练，但可以做逐个训练或多个组合训练，或将思维训练融入学生语言学习的各个方面。如：关注并培养学生的课堂发言的逻辑性；课堂上可就一个问题进行交互式辩论；培养学生多角度思考问题的能力。写作看似感性，实则最是考验一个人的逻辑思维能力。这是我们在平时的教学中需要重点训练的地方，却也是缺失较多的地方。

选择自己的立意是第三步。属于自己的立意不应该是普通的"大众产品"，而是能传达自己真情实意、彰显个性特色的"私人订制"，所以它需要架起与生活的桥梁。这不是一堂作文课能够解决的问题，它需要学生将作文融入生活的点点滴滴，从生活的小事里积累感悟，从经典名作中汲取有深度有厚度的思考模式，从"一花一世界"中品味人生，让皮肤的细胞能够感受到春风拂面的细腻与温暖，让写作文成为生命抒写的一种。不然很多看似高大上的立意在行文的过程中因缺乏事件的支撑，沦为高大上的口号，沦为熟悉的陌生人，只能依靠华丽的辞藻铺就其空洞的灵魂。

（作者系中雅培粹学校语文教研组长，雅礼教育集团语文名师工作室骨干）

九皋凤鸣高远意，姹紫嫣红万千春

——浅谈"春"之作文立意

文 / 陈艳辉

∨∨∨

　　雅礼语文名师工作室发起的"春"之作文大赛，是在万物复苏的早春，在集团学校蓬勃发展的初春，在参赛者少年成长的青春，也在语文名师工作室迈开脚步踏上征程的新春。这场规模巨大、历时日久、收获丰美的大型活动，是一次"阳春布德泽"而使"万物生光辉"的盛典，预示着雅礼教育的光明前景，也宣告着雅礼语文蓬勃强大的生命活力。

　　作文题目中明确问到："什么是春意，春天的精神？"所以，挖掘出"春"的深层寓意是此次作文审题立意的关键。

　　"春"作为一个意象，有很多的暗示含义。材料中提到的就有："充满生机，万物苏生""激发人心中的诗情与活力"。对个人而言是"振奋昂扬，起而行之"，对中国而言是"始终追求、无畏险阻、生息不已的民族精神"。

　　内容上要从对"春"的纯粹叙写提升到精神品质的层面：从自然到社会，从个人到国家，从一花一叶的茁壮生长到一个时代和民族的发展兴盛，从一棵小草的忍受黑暗、破土而出到一个国家的百年耻辱、崛起富强，无不可以入题。文章纵横捭阖，文义淋漓酣畅，便能成立意高远之佳作。只要是以"春"为出发点，以"春意"为落脚点的立意，无论它是"姹紫"还是"嫣红",都是明媚亮眼的上好立意。

具体来说,可从以下角度立意构思:

一、解读寓意:借形喻神,横向联想

春天象征的意义可以从万物复苏、新生成长联想到生命的活力和人生的信念：比如借小草破土前后的艰难和幸福写少年成长过程的烦恼与喜悦；借冰封雪冻到冰雪消融写人际沟通、心结疏导的畅快轻松。也可从春天的新生气象联想到社会的变革、科学技术的创新、思想和意识形态的去旧除弊；亦可借冬去春来的轮回转换写生命的周而复始、生生不息,永不破灭的希望、永不言弃的信念；更可借春天积极阳光、朝气蓬勃的气象写个人和集体、国家的努力进取、发愤图强,写时代的蒸蒸日上、日新月异。

二、体悟精神:由象及道,纵向挖掘

"春"这一形象由于自身特征的多样性,决定了其蕴含的精神内涵的丰富性。小作者们可从以下层面进行纵深挖掘:

第一,面对冬天漫长的死亡、绝望、衰败而永不言弃的执着精神。如中国体育的发展强大。

第二,在冬的死寂中把握时机积蓄力量、潜心沉淀的坚韧品质。如获得中华人民共和国国家勋章的老一辈科学家。

第三,面对黑暗和强权不惧淫威、不屈不挠的抗争精神。如中美贸易战。

第四,面对失败、沉沦仍然满怀希望和信心的乐观和豁达态度。如汶川地震后的重建工作。

第五,面对黑暗寒冷布施光明与温暖、融化冰霜的爱心和善良。如中华民族"一方有难、八方支援"的团结友爱。

三、设计内容：以小见大，纵横开拓

"一花一世界，一叶一菩提。"春的精神正是借助一个个小的个体和现象来展示的。以小见大应当是本次作文内容展开必须用到的手法。

一片新叶的抽芽，可以写生命的顽强，也可写等待光明的坚忍不拔和执着信念；可写对新生命的礼赞，也可写旧生命凋零奉献养料的无私；可写逆境中乐观自信的姿态，也可写冬日里漫长沉寂岁月的安静等待……

一道溪流的奔涌，可以写到生命复苏的喜悦欢欣，也可以写生命由静至动的多彩多姿；可以写奔向梦想的昂扬进取，也可以写追逐梦想的艰辛与磨砺；可以写溪水的顽强生命力，也可以写溪边花草的默默守护；可以写劈山开路的勇往直前、无所畏惧，也可以写迂回曲折的智慧退避；可以写"间关莺语花底滑"的顺境快意，也可以写"幽咽泉流冰下难"的逆境徘徊……

如此纵横捭阖地拓展开来，"春"的形象便可生发出无限的意蕴，内容情节自然就能摇曳多姿、丰富多彩。

四、选定角度：由点到面，多维辐射

"春"是一个整体的意象，"一枝独秀不是春，百花齐放春满园"。起笔时我们要从小处着手，但落脚要在大处，文章立意才能格局弘阔，彰显其"九皋凤鸣"般的高远境界。

如果写一对失侣老人的黄昏恋，不要忘了点到约会的公园里安适悠闲、颐养天年的老年人群像，方可折射祖国盛世人民幸福安康、"老有所养"的太平景象。

写"半树春落"中战斗英雄老爷爷讲故事、修族谱时不妨插叙一点敬老院里其他老人发挥余热奉献社会的情节，这样文章立意便不仅仅是表现一位老人的暮年壮志，而是展示出"老有所养"到"老有所为"的社会文明进步

和国民素质提升。"化作春泥更护花"的"半树春落"护得"满城春生"新气象，就更有其普遍性和代表性。

由点到面的辐射还可以由春天生发开来，不仅可以写生命在春天的苏醒觉悟、拔节生长，还可以写在夏天对春天的回望、珍惜易逝的大好春光；还可以写秋天的收获和感恩，感恩曾经努力的耕耘，感恩"阳春布德泽"，感恩美好的时代和美好的遇见。写冬天的怀念和安静的孕育，落叶无私的牺牲和奉献。

总之，立意的根本在把握"春"这一意象的本质特征，由象及道，体悟春的多层意蕴。这一个"道"是人间正道，是积极向上的社会主义核心价值观，是涵养雅礼学子生命气象所必需的养分，也是雅礼文化一直弘扬和践行的思想内涵。始终秉承雅礼文化，便能迎来雅礼教育一个又一个姹紫嫣红的春天。

（作者系中学高级教师，岳阳雅礼高级中学语文备课组长，雅礼教育集团语文名师工作室骨干）

意者一身为主脑，文以载道统全篇

——雅礼教育集团作文大赛审题与立意分析报告

文 / 吴周密

>>>

审题策略。三段材料围绕"春"字反复阐发，那么确定写有关春的什么就成为审题重点。继续围绕三则材料归纳关键词关键句：春之推破冰封的顽强动力，春天激发的诗情与诗意，个人的振奋昂扬，民族的奋斗精神。从这几个关键词中，我们可以在作文内容上分出几个方面，即春之景、春之意、春之情、春之精神，从范围上可以书写个人，他人，也能言及民族国家。

如何立意？审题的障碍扫除后，立意成为更为关键的环节。从参赛作品来看，学生的立意可分为几个大类：以描写春景为主的文章，或借景抒情，或托物言志；结合春景展现个人成长的曲折与收获；在春天的启发下唤起对生命诗意的思考与解读；结合历史与现实探索民族精神。

以描写春景为主的文章，侧重文采，观察细致，但大多数文章容易落入重辞章而轻文意的弊端。杜牧在《答庄充书》一文中提到了词句与立意的主次关系："凡为文以意为主，以气为辅，以辞采章句为之兵卫。"意不先立，是言愈多而理愈乱。辞藻堆砌越多，越遮掩了本意，导致文章立意缺失，或立意过浅或过于普通。在行文前，如能先行思考立意的核心问题，再选取恰当的角度，辞采才被赋予魅力。如特等奖作品《欣赏春天》，以托物言志的笔法,通过对北方白杨树和南方映山红的生动描写,感悟初春坚忍不拔和仲春知足常乐的精神,并进而升华为对青少年积极向上和民族精神的追索,层层递进。立意明确而独特,对景物的选择精准,视角新颖,体现了作者对春天敏锐的观察和不俗的思考。

结合春景展现个人成长的曲折与收获这类作品较多。此类文章往往将春景作为背景或隐喻,叙述个人成长的经历,展现春天般的顽强与活力,立意明确,思路清晰。特等奖作品《春花虽谢但留籽》《破冰而行的春》《醒了!》即属于此类代表。《春花虽谢但留籽》以牵牛花的凋零与留下种子的状态为启发,书写"我"从哀伤到振奋的精神之旅。《破冰而行的春》以破冰生长的兰草为背景,展现补习归来的"我"从沮丧到顿悟到坚定的心路历程。《醒了!》独辟蹊径,将"我"喻为一颗沉睡的种子,在经历奶奶生病一事后,幡然醒悟,破土生长。视角新颖,浑然天成,开掘了此类立意更多的可能。

在春天的启发下唤起对生命诗意的思考与解读,这一类立意的作品主题多元,形式自由,视角独特,是最能体现笔力最易脱颖而出的作品,但又是最难写就的作品,难在新,难在独特,难在深厚的积累和一触即发的灵感与巧妙。《一城春生·半树春落》之所以令人过目不忘,获得赞誉无数,就在于不俗的眼光和思考。"我"与妈妈去敬老院为宗族老爷爷送新修的族谱,从中了解到老爷爷对年青一辈的呵护,以及修族谱一事中对后辈的期许,从而顿悟来时路上飘坠的香樟叶,与老爷爷有着共同的精神境界:推陈出新,半数春落,方得一城春生。说到春天,往往勾起人们勃勃生机顽强奋进的情绪,从而书写蓬勃之景奋发之思,而作者能在敏锐的观察中发现春天不同一般的景色。当众人抬眼醉心于万象更新,姹紫嫣红,作者却能俯身惊觉一片春天里的落叶,在矛盾与反常中带来思考的震荡。宗族老爷爷对子孙后辈的呵护与勉励,是个人、他人、家族以至民族的勾连与传递。一片飘坠的香樟叶与满城春色,一位族中老人与造福家国的期许,不露痕迹地并置其间,相互诠释,抒写独特的生命诗意。

结合历史与现实探索民族精神的作品也较多。这类作品往往从历史与现实中挖掘具有代表性的事件,从而探索和阐发奋发不止的民族精神。由于学生对历史事件的理解不够,对重大历史事件在文字上的处理缺乏深厚的笔力,这类作品往往堆砌材料,老生常谈,使得对民族精神的阐释,对春天精神的探索变得虚浮空洞,缺乏生动性和思想性。难能可贵的是,《1919的春天》能够在这类作品中开辟新路,表现出极高的艺术品位和敏锐的洞察力。作者以第一人称的视角,叙述外交家顾维钧在巴黎和会上为祖国争取主权的故事。行文中“我”在会议上的据理力争掷地有声,眼前的美丽春景,脑中浮现的山河画卷相互交织,推动了情节的发展,使家国情怀民族精神在层层叙述中喷薄而出。文中在高潮迭起牵动人心处轻巧收笔,余韵悠长。全文如一曲交响乐,深沉与明快如复调般交织并行,节奏鲜明,展现出雄浑而深邃的魅力。

最后,我想化用鲁迅的一句话来概括对这次作文大赛的命题意图及教学策略的思考,那就是:“立意在唤醒,旨归在行动。”立意在唤醒是指对命题意图的一个揣测和个人体会。题目以“春”为话题,人人熟悉,人人可写,但当落笔时便会发觉难以成文,难以出新。的确,春作为意象,早已在历代诗词中被反复利用;作为主题,也早就在大大小小的文章里翻滚多时。这是大家十分熟悉或者说习以为常以至像空气般会忽略的话题,但当拿起笔来又发现它是那样陌生那样难以描述。命题的意图就在于唤起大家对春天的重新发现与认识,唤起对熟悉事物的陌生感新鲜感,去从个人的、历史的、时代的新鲜角度重新解读春的丰富内涵。唤醒在于激活沉睡的、凝滞的、原有的,从而发现新的自我新的视角新的思考。这种唤醒不仅是一种谨慎的自省,还期待用一种陌生化的笔调去处理熟悉的事物,使现实与艺术之间产生疏离与陌生,以期打动同样沉睡的读者。

“旨归在行动”是对写作策略或教学策略上的一点思考。唤醒本身就是一场"缺失—寻找—追逐—回归"的行动，那么在写作中是否也可侧重于这一流动的过程呢？从获奖作品来看，不论是对春景的描写，还是书写春天里的个人成长，对春意的生命思考，家国情怀的探索，最动人的地方都在于那些具有目的性的选择，矛盾重重的情绪，波澜起伏的情节。在对白杨树与映山红的选择中，春景的描写才不会千篇一律拾人牙慧；在沮丧与坚定的改变中，个人的成长才不致沦为空洞的说教；在宗族老爷爷修族谱的行动里，令人疑惑的春天里的落叶才拥有了新的答案；在外交官据理力争的过程中，历史再也不是发黄的纸张，不是苍白的注脚和材料，而是时刻焕发出春天的光彩涌动着民族的自尊与骄傲。让写作落脚为一次次特殊的行动，让学生学会关注永不停歇的行动，立意自然就新颖，就深刻。

（作者系长沙市雅礼雨花中学语文教师，雅礼教育集团语文名师工作室骨干）

以深意之笔，赴春意之约

——审题立意分析报告

文 / 金子靖

还记得前不久给学生布置了一篇名为《窗外》的作文题，有一个学生这样写道："细雨滴落在窗外的街道，过往的行人一脸愁容匆匆走过。"行人的面容都看得清清楚楚，《窗外》已然被小作者写成了《户外》。可见，审题决定了写作的方向。如果审题错误，即使再优美的文笔，再娴熟的技巧，再精妙的结构，都难以成为一篇优秀的文章。因此，作文审题立意的思考与教学，对于每一个学生来说尤为重要。借此次雅礼教育集团首届作文大赛的契机，我对这个永恒的命题进行了一定的思考研究，现将几点认识暂且归纳成文，仅供大家参考。

本次集团作文大赛的题目有很强的方向性，既给出了指令：什么是"春意""春的精神"？又有《礼记》《说文解字》对"春"的解释，这些都给予了写作者写作方向的规定和指导。同时也兼顾到了学生思考的整体性和深刻性："以上三则材料，引发了你怎样的联想、思考和感悟？"因此，只有用正确、深刻的审题立意，围绕"什么是春意"这一主旨写作，方能赴好这场春意之约。显然，面对"春意"这个关键词，审出它的表层意非常简单，审出它的引申义才是功夫所在。可喜的是，获奖的优秀作文无一不是"春意"的道之所在,鲜活深刻。

一、与个体情感相连

情感的春意最动人!品读这类获奖作品,最让人为之动容。南雅中学宋浩然诠释的"春意"中,从对奶奶的漠然到懂得感恩,读来真切感动。雅礼雨花中学杨妤婕诠释的"春意"中,它是彩笺尺素的浪漫,牵肠挂肚的思念。雅礼洋湖吴霞诠释的"春意"中,它是亲人从重病中恢复的欣喜与感恩。雅礼雨花中学喻逸诠释的"春意"中,它是对故乡亲人的深切怀念。情感是每一个人生命中最柔软的地方,因此,享受这些情感的春意最能弹拨起内心的琴弦,让人久久不能忘怀!

二、与成长感悟相连

成长的春意最难能可贵!本次获奖的作品中,将审题与成长感悟联系起来的学生最多。例如在中雅培粹文奕的笔下,"春意"是一种既能享受诗酒年华的青春,更是一份能够面对风霜炎凉的心境,这是成长路上的豁达!在雅境中学蔡津宣的笔下,"春意"是一种可以重拾初心,乘风破浪的精神,这是成长路上的勇气!在怀化雅礼实验学校梁家喻的笔下,"春意"是创造属于自己的价值,培养一颗别样的种子,这是成长路上的拼搏!在北雅中学詹学易的笔下,"春意"是为了自由而忍受束缚的淡然,这是成长路上的磨砺!在中雅培粹学校孙雅歆的笔下,"春意"是"百花争芳春满园,乡长落叶护新芽"的情怀,这是成长路上的奉献!因为关乎成长,所以"春意"有了价值!

三、与国家命运相连

时节有春意,人生有春意,国家亦有春意。中国走过多少个冬天,也就迎来过多少个春天,也就留下过多少次破冰的精神印迹。1919 年巴黎和会上中国代表力争中国主权的历史,被怀化市雅礼实验学校的张婧珂演绎成了一次破冰迎春的历程,背后的顽韧不馁、无畏牺牲正是对"春意"最深广高远的诠释。作为初中生的小作者,在他的心里,已然跳出了"小我",用"大我"的眼界来审视祖国的过往,拥抱时代的命运。显然,在他的世界里,写作的"春天"已经到来,他也将与所有努力奋进的学子一起为祖国的"春意"赋上"新意"!

唐代诗人杜牧曾说:"凡为文以意为主。"如果说审题明确了写作的方向,决定了素材的选取,那么立意应该就是决定文章深度的关键。从获奖作品来看小作者们的立意技巧,可谓是轻车熟路,颇见功底。总结起来,可以学习的有以下几点:

(一)由点到面的升华

简而言之,由点到面即是由个体到群体,由部分到整体的立意方法。在怡雅中学向祯珺的《小湾之春》中,小作者从故乡小湾的变化升华到了国家的变化。在中雅培粹学校向烜昭的《春的力量》中,小作者从一滴水写到水的汇聚,进而写出无数年轻人只要团结起来,就能奏响新时代的壮歌。由点到面,体现的是小作者"心中有他人"的胸怀和视野。

(二)由事至道的感悟

人生就是由一件件事情拼接组合而成,不断在事件中悟出道理,就完成了个人的一次次成长。写作中如果能做到由事至道的感悟,立意也就显出了深度。雅礼洋湖黄力余的《春意在于希望》,小作者从芳姑的故事升华到了生活要充满希望、乐观向上的道理;北雅中学翁维洽的《春意妙语》,通过"我"某次考试失意时与陌生盲人相遇的事件,感悟到了人生要懂得坦然面对得失的道理。事件只是表象,而道才是本质,只有在写作中通过立意去探寻生活的本质、生命的本质抑或是人性的本质,才能让文章充满力量,从而直抵心灵深处。

（三）由感官到精神的提炼

看到的春景,听到的春声,闻到的春味……感官所到之处皆能给人精神的享受。南雅中学王子轩的《欣赏春天》,由"火红的花朵、隆隆的雷声、瑟瑟的朔风、旖旎的芬芳"提炼出了春的精神就是活在当下,就是坚毅顽强。中雅培粹学校刘易涛的《春香十里》,从"酥嫩泥鳅的焦香,晶莹米粉的鲜香"提炼出了春的精神就是做事的用心、做人的大度。

只有在感官所及之处提炼出精神的品质,才能让它有价值,这样的立意也才能让文章更加有意义。

审题立意的研究之余,我还惊喜地发现,它对于今后的作文教学颇具指导性。作文关键词"春意"是一个具有引申义的词语,那么可以指导学生面对这类有引申义的作文题时,从个体的情感、成长的感悟、国家的命运这三个层面来审题。例如有一个这样的考题:阳光伴我前行。审题时要注意"阳光"这个具有引申义的词语,如果利用上面的三个层次来审题。"阳光"可以理解为亲情、友情的温暖等主题,也可以理解为积极向上、追逐梦想的感悟等主题,还可以理解为国家的发展、时代的进步等主题。另外,从获奖小作者们的身上,我们还可以学到三个立意高远的方法:由点到面的升华,由事至道的感悟,由感官到精神的提炼。这三个方法用好了,文章的档次自然也就提升了。

相信这一场春意之约只是一个起点,我愿以它为名,做一个作文教学路上永不放弃的逐梦者。

以深意之笔,赴春意之约!

以经世之心,赴教育之约!

（作者系长沙市雅礼实验中学教师,雅礼教育集团语文名师工作室骨干）

甄选岁月珠玑，涵养生命气象

——谈新课标下作文素材甄选策略及原则

文 / 陈宏资

∨∨
∨∨

今春开始策划到初秋完美呈现，历时半年，雅礼教育集团首届作文大赛获得斐然成效。笔者从集团近两万学生的参赛作品进行分析研究，通过比对作品素材择取的优劣，并结合三年来长沙市中考作文学生选材中存在的问题，探索出作文素材甄选的方法与策略，以更好地指导作文教学，提高学生对作文素材的识辨能力、感知能力和内化能力，从而创新写作思维，提升思维品质，提高学生语文学科核心素养。

一、作文素材甄选的意义

生活如历史长河流淌向前，有航船可观，有风浪可悦，有皓空可赏，更有贝壳珍珠、泥沙树叶……纵使流水携着泥沙奔流而下，这也是生活。岁月浩渺，我们的使命就是立足新课标，不改初心，引导学生养睿智眼光，甄选拾掇珠玑，涵养生命气象。

（一）语文学科素养核心目标实现的需要

语文有本学科的特点与规律，《义务教育语文课程标准》成为课程开设、语文教学、命题考试、语文研究、学业评价的根本依据。新启动的《义务教育语文课程标准》修订工作，其核心即语文学科素养。

教育家肖川曾说，教育的任务首先不在于教会受教育者多少知识和本领，最基本的任务是教他们如何去发现生活世界中的真诚、善良和魅力，教他们用一颗真诚的心去融入社会、理解他人、关爱生命。本次雅礼集团作文大赛是让学生围绕材料谈谈对于"春意""春的精神"的联想、思考和感悟，亦是旨在提升学生的内涵与素养。

（二）语文作文教学单元板块实施的需要

部编本教材七年级第四单元写作板块编排有怎样选材的内容，强调要围绕中心选材，选真实而新颖的材料。作文教学一直是我们一线教师研究的课题，作文教什么、怎么教，作文写什么、怎么写，一直困扰着师生。如今年长沙市中考作文：

学校要求同学们将社会实践活动等材料上传到"综合素质评价"网络平台上，初三学生王晓阳正准备自己动手上传，妈妈却说："听说这些材料关系到中考录取，很重要的，这些事还是要你爸爸替你做，这样我们会更放心些。"围绕上面的材料写一篇文章。

今年中考作文让考生有话可说：（1）社会实践活动材料上传，王晓阳同学准备自己动手上传，于是就有了以人人都是劳动者、劳动最光荣为主题的；（2）妈妈意识到社会实践活动资料上传是很重要的事，希望爸爸替晓阳同学做，于是就有了以诚实信任为主题的；（3）母亲要父亲替晓阳上传社会实践活动材料是父母对晓阳的关心，于是有了亲情类的，如"陪伴是最长情的告白""感恩父母""亲情最美"的作文。

可这都是选材的误区！其实作文给予材料的内涵和主旨是比较明显

的,审题难度不大。从材料本身,围绕两个主体和一个核心事件,可引申出多层立意。(1)从母亲的角度看,"妈妈说"反映的是家庭教育中存在"代言意识""包办意识"的问题,据此可以引申出父母要学会放手的立意;(2)从晓阳的角度,作为一名中学生,要学会独立,不过分依赖父母,学会自主自立责任担当。今年的作文尝试探究一条"改变作文教学,倒逼作文教学"的路径,强调"写什么(选材)比怎么写更重要",内容永远比形式更重要。

(三)学生写作构建完整体系实训的需要

文犹人也!譬喻:题目——文章的眼睛,主旨——文章的灵魂,材料——文章的躯体。学生写作实际训练须注意三者协同出力。如果说主旨是文章的"灵魂",那么材料就是文章的"躯体"。躯体固然受灵魂统领,但灵魂也必须依附于躯体。如《1919的春天》《破冰而行的春》《春花虽谢但留籽》《覆一尺春光奔远方》《不负春意》《行走在春天里》《一城春生·半树春落》《春之道》这些作品的"春"之躯体确实紧紧围绕"春魂"而生,长得葳蕤、新鲜、高硕。可见材料对文章有着非同寻常的意义。要想写出佳作,须围绕主旨精心比对,甄选素材。

二、作文素材甄选的攻略

面对繁复的素材要去甄选,素材重在一个"选"字,辨别,甄选,选用。本次比赛部分学生喜欢写大事;但难度大,难把握、难出彩!不妨引导学生写微小事、平凡事。如教材选文也选取了诸多平凡人细琐事,比如朱自清笔下的父亲、杨绛笔下的老王、让·乔诺笔下的植树的牧羊人等。甄选生活中小人物、小事件,挖掘出闪光而具有普遍意义的大主题,以独特的感悟撼人心灵实现以小见大。那么,如何选择这样的素材呢?

(一)根据主旨甄选凡人小事

每篇作文均有其主旨,选取的素材应围绕主旨并且服务主旨。但在写作过程中选择素材时,学生往往会把自认为有趣的素材拿来写作,不去细想是否切合主旨。此次集团作文大赛的作文题是围绕材料谈"春意""春的精神",首先我们要审题,"春意"的"意"是意蕴,内涵;"春的精神"侧重于内在的精神力量。参赛作品中有部分学生没有读懂文题,通篇只是单纯描绘了春天的美丽景象,他们笔下万紫千红、百花齐放的只是表象,没有体现"春"更深层次的丰富意蕴和内在精神,虽已成文,却游离旨外。

雾蒙蒙的清晨,我空着肚子踏雨而行去挤公交车。在熙熙攘攘的人群中我被"簇拥"着上了车,又在乱军之中抢到座位……

我垂头丧气地往学校里走去,只听身后一个声音传来:"同学你校牌掉了。"我回头惊讶地一望,原来是你。你小心翼翼地握着校牌,拖着蛇皮袋出现在我面前。转眼,校牌在我手心里留下了感动的温度与你严重艰难行走的背影。

我想对你说一声迟到的"谢谢"。心连心的十分钟是我最亲切而温暖的时光,遇见你,最熟悉的陌生人是我最美的意外,意外卑微平凡的你背后的温和善良、你的宽容、你的坦率、你的热情!

——长沙中考学生优秀之作节选《凡人小事的背后》

☕ **品评…**

小作者善于从生活中选择平凡的人与事,巧妙地通过凡常小事,烛照少年与中年萍水相逢的真情。车上共处的一段时光如此温暖,小清新邂逅腻大叔,冷漠哥与热情叔形成了鲜明的对比,先抑后扬,韵味悠长。

(二)根据表达甄选寻常物件

作文表达要有意义,其意义在于文章要通过内容表达情感,或赞美歌颂,或讽刺抨击,或收获感悟等。作文意义的表达决定了素材的选取应摒弃平淡无味、可有可无的琐事,去更好地彰显写作的价值。

　　紧握着手中晶莹的种子,耳边回响着小男孩的话。我恍然大悟:是啊!他说得对。这花虽然凋谢了,可是它还留下了种子。这伟大的无私的牵牛花,使人们在来年又能闻得这花的芬芳,欣赏这花的美丽。它的开放绝不是空虚无意义的,它给人们带来了快乐。即使它的生命终结了,但这种快乐也不会消失。人不也是一样的吗?伟人可贵的精神品质和他们用自己的勤劳智慧创造出来的价值,并不会随着他们的逝去而流失啊!就好比雷锋,他那无私奉献,热心帮助他人的可贵品质,不正被我们学习着吗?我豁然开朗,在得到了春天的启示后,我有了人生的目标和前进的动力。

　　来吧,让我们用聪慧的头脑和勤劳的双手,创造属于我们的价值,让社会和世界更加美好。培养优秀的精神品质,留下一颗别样的种子。趁着这大好春光,尽情奋斗拼搏吧!春花虽谢但留籽,伟人虽逝精神存!

　　　　　　　　——雅礼集团参赛优秀之作节选《春花虽谢但留籽》

品评...

　　小作者借平凡物件花籽行文,种子在阳光下熠熠生辉,看这乌黑发亮的种子,仿佛蕴含着无尽的生命力,通过写自身的经历,揭示了春天精神的真谛。采用鲜活的素材,把深沉蕴藉的情感融注于笔端,与读者共鸣。

　　熟悉常见的小物品是极佳的素材。或借小物件喻人喻理,或借小物件抒发情怀,或以小物件作为贯穿全文的线索,或用小物件作为获得点燃感悟的媒介……由小小的物,写到人和人生,写到对生命的感悟,实可谓物小而旨大。

(三)根据角度甄选微新视角

作文选材要创新,有个性,可立新视角,同样的题目可从不同视角去思考,以不同方式去表现,在甄选素材时须深思熟虑,选人之未想、人之未写或人之少写的为妙。

伴随着春风的袭来,雨也在夜里降临大地。嘀嗒,嘀嗒,雨滴至斜顶青瓦的屋檐上滑下,不紧不慢的,不似诗人笔下的欢快,更如时光老人一般悠闲却无情……

久违的假期,我回到老家,推开尘封的木门,却见室内干净整洁。我感应到了什么,向厨房狂奔而去,终在熟悉的灶台前瞧见了熟悉的你。你依旧挂着和蔼的笑容,但让我十分忐忑。我害怕你会责备我过得这般邋遢,我害怕你会责怪我不来看你,我害怕你会再次消失。

我怔怔地望着你,你依旧是那般温柔的笑容,身上带着茶叶的清香。窗外,经过春雨滋润的春茶格外青翠欲滴,阳光倾洒下,它向世人展现了春的生机,向万物发出了春的召唤。温和的晨曦浅浅地打在我的身上,我迷迷糊糊地睁开眼,仿佛听见了你叫我起床。

雨,不知何时停了。庭院角落无人照看的种子,竟也在一夜间悄悄地蹦出嫩芽,顺着春风轻轻摇曳。更加清脆的,是阵阵鸟鸣,好若在说着:春归大地,万物生泽。

——雅礼集团参赛优秀之作节选《春归·生泽·无畏》

本文以一个微小视角作为切入点,联想生发,洞隐烛微,深入发掘,以细小的局部显示宏大的整体,以睡梦为引,三次入梦三次梦醒,随着春雨入梦,将成长的种子埋在回忆亲人的思绪中,又被春雨唤醒,使沉睡的种子长出新芽,蹦出绿意。将自身的成长巧妙地融入勃勃的春天中,构思精巧而新颖。

三、作文素材甄选的原则

甄选素材,只是写好文章的前提。运用好这些素材,是写好文章的关键所在,用好写作素材须遵循以下原则:

(一)科学性原则

这一原则是对素材使用提出的最基本要求。刘勰在《文心雕龙·宗经》指出了向经典作品学习写作的六个方向,其中有一条就是"事信而不诞",其意思是文章所反映的事物必须是真实的,所用素材自然也不例外。

要做到这一点,并非易事!对初中生来说,只有做到多观察、多鉴别,养成一丝不苟的写作习惯,才有可能达到上述标准。推荐一种最容易也最有效的做法,就是将自己的亲身经历作为素材。生活中人人都有自己的喜悦、激动、担心、困惑、反思、感悟,这些经历本身就是一种真情实感的体现。

(二)时代性原则

对于同一个话题或观点而言,有多个素材可选用或阐释,但是一般来说,最有时代感的素材因为新鲜、独特、亲切等原因,其效果是最佳的。久远的素材并非不可应用,但须用今天的价值观、审美观去做观照并改造。这就需要培养其良好的观察习惯和敏锐的感受力,拥有高尚的人格、大爱的情怀。如路口走来一位拾矿泉水瓶的娭毑,不少人心里肯定会有同情,怜悯。但如能将思考上升到社会保障、孝悌之义的高度是否更好!长沙中考作文"凡人小事的背后",很多学生写环卫工人、保洁阿姨,甚至有好些学生还写董存瑞、雷锋的,时代性确实不够!

(三)独特性原则

独特,别致,具有免疫性,对庞杂的材料要有筛选、甄别其独特性、鲜明性、差异性的能力。无论运用何种素材,无不体现作者的爱憎好恶,素材用得越独特,这种感情主旨就越鲜明,越能形成作者的风格。其差异是由作者不同的胸襟气质、人生经历、兴趣爱好、审美取向等因素决定的。

同是面对"春意",张婧珂同学对于春意的理解,已经跳脱出单纯的关于春天景色中发现春意。她的视野更广,立意更深刻,上升到国家层面,春意是中国对独立自由平等的追求。构思新颖,格局高邈。

对于初中生而言,平时注重博闻强识,也能将素材运用得巧妙如神,做到人无我有,人有我精,人精我奇!

无论比赛还是中考,作文选材须多观察、常思索、精选择,细微事也可以表现大主题。思考甄选可让司空见惯的春意绚烂起来,让平淡无奇的春意新颖起来,让不曾打磨的心灵细腻起来,让平凡的生命丰盈起来!

(作者系中学高级教师,长沙市南雅中学教师,雅礼教育集团语文名师工作室核心,长沙市骨干教师,湖南省课题主持人)

百花齐放春意浓

文 / 曾艳红

∨∨∨

2019 年 9 月，雅礼集团首次作文大赛在这个举国欢庆的金色秋天落下了帷幕，小作者们围绕着"春意""春天的精神"的主题尽情挥洒，一笔一笔点染人间繁花似锦，一笔一笔令江山溢彩流韵。丰富多彩、极具个性、鲜活及时的素材令这个万物萧瑟的秋天呈现出一派百花齐放的浓浓春意。

一、丰富多彩的作品素材点燃春意

在集团参赛作品里，素材的择选丰富多彩：既有历史经典素材，也有触发感情素材；既有格局大的素材，也有精致小巧的素材。如雅礼雨花中学喻逸的作品《春归·生泽·无畏》，"我怔怔地望着你，你依旧是那般温柔的笑容，身上带着茶叶的清香。窗外，经过春雨滋润的春茶格外青翠欲滴，阳光倾洒下，它向世人展现了春的生机，向万物发出了春的召唤"。文章以睡梦为引，三次入梦三次梦醒，随着春雨入梦，将成长的种子埋在回忆亲人的思绪中，又被春雨唤醒，使沉睡的种子长出新芽，蹦出绿意。将自身的成长巧妙地融入勃勃的春天中。构思精巧、有新意，给人深刻的印象。雅礼洋湖中学吴霞的作品《春思》："你刚住院时，周围的邻居都向父亲打听你的身体状况,可当他们知道病情后都在默默哀叹,怕你熬不过这一关。可我却始终坚信你一定能康复,就像墙角的绿芽一定能挺过风雨!就这样,在春意阑珊之时,你的身体状况越来越好,小绿芽也开始茁壮成长。回首向来萧瑟处,你和小绿芽都以你们的坚毅和永不言弃迎来了生命中最绚烂的春天!"看似偶然的一盆茉莉,实是作者的匠心独运。爷爷的病与小绿芽的生长,两条线索,一明一暗,并驾齐驱。细致的景物描写,使文章的生动性和主题达到了完美的结合。雅礼天心中学吴雨馨的作品《温暖的春天》:"从门口走进来了一个七岁左右穿着白衬衫的小男孩,一只手拖着一个麻袋,另一只手拿着一个保温盒。老板看到他后,露出和蔼的笑容,难道这就是他要等的客人?小男孩奶声奶气地对老板说:'爷爷,我还要跟昨天一样的菜。'老板点点头,接过他的保温盒示意他等一会儿。小男孩坐在椅子上,左顾右盼,两只脚不停地摇摆着,真是一个活泼淘气的孩子。过了一会儿老板抱着保温盒从厨房走了出来,把它递给了小男孩,边摸他的头边说:'菜好了,跟昨天一样的哦!'小男孩'嗯'了一声,忽然停了一下,把饭盒放在桌子上,把手伸进口袋里掏了掏,拿出一张皱巴巴的十块钱和一些大小不一的硬币,对老板说:'爷爷,这是我妈妈要我给您的。'老板看到那张钱愣了一下,指着小男孩拖过来的麻袋说:'不是说好了拿瓶子抵吗?'小男孩回答道:'妈妈说了,要您一定收着!'老板听后,拿出一个一元的硬币说:'我拿这个就够了。'面对已经患了绝症的父亲,餐厅老板的老爷爷给孩子几乎免费的美味佳肴,却只是让孩子用捡来的酒瓶换取,在给孩子以温暖和爱心的同时,巧妙地维护了孩子的自尊,深邃的立意使文章锦上添花。文章首尾精巧,层次分明,结构完整。

二、极具个性的作品素材点缀春意

材料作文由于材料统一,主题明确,故很容易存在素材雷同的情况。如果千人一面,就会缺少新意。我们若想写出好文章,就要在素材个性方面下功夫。看到材料时,需要慎选素材,从新颖的角度去思考,选出来的素材才是具有个性的。

　　本次集团作为材料作文的主题为"春意""春天的精神"。从参赛作品来看,总的来说素材的择选个性鲜明,没有出现雷同或类似的素材,如怀化市雅礼实验学校张婧珂同学的作品《1919 的春天》,选取的素材是 1919 年春天, 发生在巴黎和会上中国代表力争中国主权的场景;文章巧妙地将 1919 年的这个春天和中国奋发图强,从弱小走向强大的春天联系在一起。"中国孕育着一种精神,无论积压在中国这片土地上的灰尘有多厚,覆盖在江河上的冰层有多坚硬,无论冬天的霜雪有多冷,无论接下来的路途有多坎坷,中国都会搏动着一颗顽韧的心,无畏牺牲,拉裂冰层,向着一个自由平等而富强的春天迈进!"由于文章素材择选角度新颖,格局宏大,视野更广,立意更深,令读者印象深刻,难以忘怀。又如南雅中学宋浩然的作品《醒了!》,讲述了阿然通过生活的磨难,知晓了自己就是温室里的植物,然后振奋精神,感恩亲人的故事。"阿然觉得自己的春天来得有点晚,原因是他原本是一盆温室里的植物,后来被移栽到户外,冬眠的时间有点长,但好在不晚。奶奶还在等待着他自己慢慢苏醒奋力向上破土而出的那一刻。"本文由于素材是作者的亲身经历,故文章情感真挚,富有生活气息。中雅培粹学校石可汉的作品《春之道》采用文言文的形式描述了春天一片欣欣向荣的春景图,再通过一句反问:"然春为何荣?"文笔一转,提出:"今日之少年,亦如春之勃发,舒枝展叶,以待盛夏。而春欲盛,必承冬之遗者,秉其韧,而启夏。故今吾侪,当承先烈之业,坚己心之志,而担天下之任。得志,尽显其才;不得志,坚韧不馁。曾子有言:'士不可以不弘毅,任重而道远。'由此观之,欲令国富,则吾辈必如春之荣;欲令国强,则吾辈必如春之韧。其类春之道也。"文章旁征博引,绘物栩栩如生,将"春之道"描写得淋漓尽致,体现了作者深厚的国学功底和爱国情怀。以上三篇文章作者的素材择选不落窠臼,既具有鲜明的个性,又很好地表达了春天的精神。

三、鲜活及时的作品素材点亮春意

　　素材如果陈旧乏味，那么再好的素材，再好的语言组织能力，写出来的文章也无法紧紧抓住读者的心，让读者眼前一亮，爱不释手。那么，鲜活的素材应该从哪里来呢？我觉得应该来自真实的生活经历，具有鲜明的时代气息。长雅中学胡骏晨的作品《行走在春天里》，描述了春耕时的鲜活场景："我继续行走，看那田里站着的就是我家的爷爷，卷起裤腿，赤脚，古铜色的皮肤，头戴金黄斗笠，辛勤劳作在田间。他一手环抱器皿，一手撒播有丁点芽的稻谷，动作娴熟，谷粒像极听话似的均匀被撒入平整的水田里，荡漾起微小的波纹后，稳落入土层。让站在一旁的我不由发出'哇'的赞叹声。"通过作者的详细描述，爷爷的打扮、神态、动作栩栩如生，给读者以身临其境的感觉。怀化雅礼实验学校梁家瑜的作品《春花虽谢但留籽》，讲述了这样一件事："一个小男孩围着一株牵牛花。花亦是谢了。我不禁有些好奇。走上前一问：'小朋友，这牵牛花都已经凋谢了，你还在看些什么呢？'他转过头愣了一下。紧接着用手捧起几颗'小黑石'，兴奋地对我说：'哥哥。这花虽然已经枯萎了，但是它还留下了种子啊！'他又喃喃自语地说：'把种子种到阳台上，来年春天开了花，爷爷会很高兴的。'我看痴了这灿烂的笑容，自然而然地拾起几粒种子，放在手心里翻来覆去地看。种子在阳光下熠熠生辉，看这乌黑发亮的种子，仿佛蕴含着无尽的生命力。"小作者通过亲身经历，发现了春天精神的真谛。文章特别是散文，要以情动人，采用鲜活的素材，再把深沉蕴藉的情感融注于笔端，就能激荡读者的共鸣。

　　（作者系长沙市雅境中学语文教研组长，雅礼教育集团语文名师工作室骨干，长沙市卓越教师教学能手）

灵活选取素材，璞玉巧变美玉

——浅谈初中作文素材的择取

文／张文芳

∨∨∨
∨∨

【摘要】笔者对首届雅礼集团作文大赛的参赛作品进行了详细的分析研究，具体从参赛作品的素材入手，通过比对参赛作品素材择取的优劣，结合学生作品中存在的问题，总结出作文素材择取的方法策略，以便指导作文教学，提高学生对"作文素材"的鉴别能力、感受能力和转化能力，从而拓展写作思维，提高写作能力，进而达到提升语文素养的终极目标。

【关键词】素材分类；素材选取；方法策略

作文教学是初中语文教学中的一个重要内容。新课标明确指出："作文是指练习把自己看到的、听到的、想到的内容或亲身经历的事情，用恰当的语言文字表达出来。"所以写作是运用语言文字来进行表达和交流的重要方式，也是一个认识世界、认识自我、创造性表述的过程。我们经常说写作要"言之有物"，而这个"物"就是作文素材。笔者结合集团作文大赛的参赛作品和自身的教学实践，简要谈谈作文素材的分类、素材选取的意义和择取的方法策略。

一、作文素材的分类

本次雅礼集团作文大赛的题目要求学生围绕材料谈谈对于"春意""春的精神"的联想、思考和感悟，可以讲述故事，可以表达思考，也可以抒发情怀。作文主题内涵丰富，给了学生足够的空间去思考创作，因此参赛作品所选取的素材也是浩如烟海，如果细致地进行分类整理，可以大致归纳为以下三类：

（一）人与自然

人的渺小，在于对自然的自高自大；人的伟大，在于对自然的尊重顺应。月亮的阴晴圆缺，草木的繁盛凋零，处处昭示着生命的智慧，蕴含着生命的哲学。对于"春意""春的精神"的思考，大部分学生选取了自然景物来寄托情思，抒发怀想。其中不乏文采斐然、发人深思的佳作，让读者的思想在春天的美景里走向深刻。

（二）人与自我

一个人自我的成长，是一个心灵成熟的过程，而人生就是不断地由幼稚走向成熟的过程。成长中有青春的喜悦，有苦闷的回忆，有奋进，也有彷徨。我们在参赛作品里能看见学生对自己的认识，他们在品味春意时悄然成长，那些点滴成长的文字，平凡而真实，细微琐碎却最能触动内心。

（三）人与社会

"风声雨声读书声，声声入耳；家事国事天下事，事事关心"。"两耳不闻窗外事"的读书方式我们早已摒弃，在众多参赛作品中，我们能够看到部分学生对于社会上发生的时事有自己的看法和评价。社会事件是别人的生活，其实也映射着自己的生活。学生能够透过事件结合题意发表自己对这个时代和社会的看法,这是难能可贵的。

二、素材择取的意义

素材作为作文的原始材料,如同搭建房屋需要的砖石,是构成作文的重要组成部分。学生要想写出好文章,必须从积累作文素材开始,"九层之台起于累土,千里之行始于足下",只有日积月累,才能"建高楼""至千里"。在参赛作品中,有的学生作文平平淡淡,枯燥无味;有的却能让人眼前一亮,若有所思。除去遣词造句和写作技巧的区别,散发魅力、吸引眼球的便是选取的素材。这说明光是积累素材是远远不够的,并非任何素材都可以用于作文,选取素材也是作文的关键。

三、素材选取的方法

素材重在一个"选"字,首先是选对素材——不偏题不跑题是选对;其次是选好素材——有趣味有意义为选好。好的素材如同一颗颗未经打磨的璞玉,经过文字的润色,放于合适的位置,会让文章变得光泽耀眼。下面结合自己的作文教学实践,浅谈几点素材选取的方法。

(一)选符合主题的素材

一篇作文有一个主题,即作文的中心,我们选取的素材应该围绕主题并且服务主题。但在写作过程中选择素材时,学生往往会把自认为有趣可用的素材拿来写作,不去细想是否切合主题,从而导致偏题跑题,这种情况下,不符合主题的素材我们必须"忍痛割爱"。

此次集团作文大赛的作文题是围绕材料谈"春意""春的精神",首先我们要审题,"春意"的"意"是意蕴,内涵;"春的精神"侧重于内在的精神力量。参赛作品中有部分学生没有读懂文题,通篇只是单纯描绘了春天的美丽景象,他们笔下万紫千红、百花齐放的只是表象,没有体现"春"更深层次的丰富意蕴和内在精神,使得文不对题,虽下笔千言,然离题万里。

(二)选有意义的素材

我们常常说"作文要有意义",作文的意义在于文章要通过内容表达情感,或赞美歌颂,或讽刺抨击,也可以表达作者鲜明的观点或是收获感悟等。作文的意义决定了素材的选取应摒弃平淡无味、可有可无的琐事,去更好地体现文章的价值。

长沙市南雅中学唐源清的作品《破冰而行的春》采用由物及人的手法,由事而议、立意深刻。"看到这花坛一角的兰草,这嫩芽,这春天里的一切,我领悟到春意就是:明知毫无可能,却依旧选择前行。或许,努力并不能改变结局,但这并不妨碍我们去奋斗去努力。"小作者笔下一株兰草,身处严冬,却心怀春天。有了精神层面的内涵,这样的文字就有了意义。

(三)选亲身经历的素材

作文要有真情实感,这个"真"是学生作文最难能可贵的。文章出现假、大、空的编造现象,原因在于学生没有切身经历,必须完成作文的情况下只好凭空捏造,虚构加上华丽辞藻凑成的文章,失去了文字最淳朴的气息。

一个参加过拔河和没参加过拔河的人,肯定会有不一样的感受。因此,素材要选择自己亲身经历过的事件,正是因为亲身经历过,才有真实的切身体会,才能表达真情实感,引起读者共鸣。

长沙市南雅中学宋浩然的作品《醒了!》塑造了阿然的角色,其实文里的阿然就是小作者自己,正因为是自己的生活经历,所以写来特别动情。孩子的爷爷奶奶,是亲切而又儒雅的两位老人,在孩子爸爸妈妈身处外地时,全身心地投入对孩子的教育生活里。孩子感受并感动着,写下来的这篇文章给奶奶,更给懂得感恩努力成长的自己!

（四）选与众不同的素材

科学家富兰克林说过："一个人停止了创新的思想，便停止了生命。"作文也要有创新，不要千篇一律。同样的题目可以从不同角度去思考，用不同方式不同内容去表现，因此在挑选素材时需要深思熟虑，挑选别人没想到的，很少写或没写过的，为写出独具匠心的文章铺垫基础。

怀化市雅礼实验学校张婧珂的作品《1919 的春天》，小作者以第一人称视角用故事形式向我们再现了 1919 年巴黎和会上中国代表力争中国主权的场景，对于"春意"的理解，已经跳脱出单纯地在春景中发现"春意"，而是将"春意"与祖国历史和前途命运相结合，不仅选材新颖，而且格局更大，视野更广，立意更深，令读者印象深刻，难以忘怀。

一场"雅园春意生"的作文大赛，春日暖照时开始酝酿，夏日初炎时逐步推进，酷日高悬时顺利收关。我们在盎然春意下滋生出的莲花里，顺着一缕缕奇异的芳踪香迹，正一路向前。

（作者系株洲南雅实验中学语文备课组长，雅礼教育集团语文名师工作室骨干）

明眸第一瞥，题好一半文

——雅礼教育集团首次作文大赛拟题优劣谈

文/张 妍

∨∨∨

俗话说："花香蝶自来，题好一半文。"题者，额也，目也。作文的题目犹如美女姣好的面容上善睐的明眸。张彦远在《历代名画记》记载："金陵安乐寺四白龙不点眼睛，每云：'点睛即飞去。'人以为荒诞，固请点之。须臾，雷电破壁，两龙乘腾去上天，二龙未点眼者现在。"画龙点睛，便可腾飞上天。给文章拟一个准确新颖的好标题，就像给龙点上眼睛一样，也能变呆板为生动，化平淡为神奇，使我们的作文腾飞于赛场。对于赛场作文而言，标题是阅卷老师先入为主的第一印象，题目的好坏直接影响着老师对文章的评判心理。同时，标题也是文章内容与阅读者情感之间的最初接触点，为读者提供了理解文章的第一窗口。

雅礼集团首次作文大赛历时 180 多天，参与学校 17 所之多，参与学生近 2 万人。仔细研究本次作文大赛学生作品的拟题，发现有如下优点值得推广：

一、符合题意，紧扣中心

材料作文的拟题，首先要紧扣所给材料的中心，鲜明地体现文章的内

由象及道悟"春意"

容和主旨,才能起到"明眸善睐""传情达意"的作用。赛场作文、考场作文所拟标题的第一要务、不可逾越的红线就是符合题意,紧扣中心。看到作文题目,首先应该认真审题,在审清题意的基础上,确定自己的立意,在正确审题立意的基础上拟写出的题目才能统领全文,体现主旨。在本次作文大赛中,小作者多能抓住材料中的暗含着材料中心话题的关键词句,摘其要言而用之,或者概括材料大意而定之,使文章的题目符合题意,紧扣中心。如《1919 的春天》《不负春意》《破冰而行的春》等。

二、巧用修辞,生动形象

拟题时如能巧用修辞方法,可以使题目新颖别致,生动形象。根据后台提供的数据,本次作文大赛作品题目使用的修辞手法最多的是拟人手法,其次是比喻手法。

拟人手法的运用,能够赋予"春"以人的情感、思想、动作和神态,能造成极大的视觉冲击力,吸引读者的眼球,使阅卷老师一饱眼福,急欲先睹。如《最是那声春的呼唤》赋予春天以人的动作与声音,使春天富有号召力和感染力,吸引读者去品读文章。再如《我有春华如故人》,将春天比拟为"故人",使春华有老友般的温暖与期待,为文章增添了色彩。还有《春意妙语》《嫩春不惧寒》等,或赋予春以人的语言,或赋予春以人的情感,读起来生动形象,引人入胜。

拟题时用比喻的修辞格,能使抽象的事物形象化,深奥的道理浅显化,形象生动地表达主题。如《绿色的火焰在春天摇曳》一题,将春天生机勃勃的树木比喻成"绿色的火焰",喻体新奇,想象大胆,生动形象地写出了春天树木蓬勃生长的状态,体现了春天旺盛的生命力。再如《春之美好是冬之隐忍开出的花朵》一题,将"春之美好"比喻成"冬之隐忍开出的花朵",生动形象地写出了春天的美丽多姿,也体现了世间所有的成功与美丽都来之不易的哲理。

三、化用诗文，精致典雅

中国是诗的国度，古人为后世留下了丰富的精神宝藏：古典诗词蕴含着深厚的文化底蕴和情结，名句名篇熠熠生辉，脍炙人口。妙诗入文神韵来，赋得诗词句便工。恰当地借用古诗词来拟题，能激活语言的表达，凝练传神地表情达意，不但使文题典雅，彰显文章的文化底蕴，还能使语言更富诗意，使文章散发出浓浓的文化气息。《最是一年春好处》一题，引用了韩愈《早春呈水部张十八员外》中的诗句"最是一年春好处，绝胜烟柳满皇都"。《万紫千红又是春》一题，化用了朱熹《春日》中的诗句"等闲识得春风面，万紫千红总是春"。《满园春色自逍遥》一题，化用了叶绍翁《游园不值》"春色满园关不住，一枝红杏出墙来"。三个题目典雅蕴藉，富有文学情趣，起到耀人眼目、催人卒读之功效。

四、善用小标题，优化构架

使用小标题，让读者在通读全文前对文章的主要内容有一个概括性的了解，在阅读过程中更快更准确地理解文章内容并了解写作意图。所以小标题有提纲挈领、条分缕析的作用，小标题的使用减少了过渡性文字的铺张，便于突出重点，让文章疏密有致。如《我与春的心灵相遇》一文使用了"杨柳依依，我与你初识""春雨缠绵，我与你相伴""春意盎然，我与你相知"三个小标题，采用了层进式的结构，小作者以动情的笔尖赋予春天以人的情感和思想，与春天从"初识"到"相伴""相知"，层层递进地写出了对春的喜爱眷恋和赞美之情。《春池骈文》一文小作者使用了"遇春""食春""意春"三个小标题；《韶华逐物》一文小作者使用了"春光无限好""岁岁年年人不同""润物细无声"三个小标题；《春天》一文小作者使用了"青青河边草""微笑的花儿""苍劲的大树"三个小标题。以上三位小作者采用了并列式的结构，将众多的材料分门别类地组织，从多个方面或多个角度来展示材料、表达主题,使行文条理清楚,文面爽洁悦目。

五、设置副题,补充说明

作文时可以只拟定一个标题,也可以在正标题之下设置一个新颖别致的副标题,副标题的设置,既是对正标题的一种"解释"、一种"补充",也是增强文章吸引力的一种"手段"。如《春意——枯枝上的新绿》一文的主标题"春意"范围过大,指向不明,但配上副标题"枯枝上的新绿",不畏苦难,不惧失败,逆境中求生存的主旨就一目了然了。《祖国的春天——中国古往今来的蓬勃发展》《春已到来——观中美贸易战有感》《归来的春——春的大盛王朝》,这三篇文章的副标题,都起到了补充说明主标题,指明文章内容,增强文章吸引力的作用。如果离开了副标题,有些文章的正标题就显得空泛或晦涩了,这些副标题为读者提供了思考与切入文章的独特视角。

六、另辟蹊径,引人入胜

反向反常拟题法,或打破常规,或从矛盾的对立面入手,常常能收到意想不到的效果。这种方法运用逆向思维,打破常规,能造成强烈的悬念。这种专吊他人胃口的标题,备受阅卷老师的青睐。如《那一棵"枯树"》一题,在众多的作品题目中脱颖而出,按照题目中的要求,选手们拟定的题目多是与"春天""春意""春之精神"有关的,而这位小作者却从反面拟题,写到一棵"枯树",令读者耳目一新,引起读者的好奇心,别人都在写春天的生机勃勃,这个小作者怎么会用"枯树"来展现春天的精神呢?题目中的"枯树"一词为什么会带引号呢?这个题目给人留下了悬念,扣人心弦,激发读者阅读兴趣。显然,在给文章拟定标题的时候,如果能做到另辟蹊径,也能收到吸引读者、引人入胜的好效果。

本次作文大赛作品拟题方面的以上优点,值得在初中语文作文课堂中大力推广,以期让更多雅礼集团学子在各类作文大赛、语文考试中拟出正确、鲜明、新颖、别致的好题目。仔细研究雅礼集团首届作文大赛作品的标题,还发现以下不足,特别整理出来,希望能引起集团语文教师的重视和反思:

(一)范围过大

作文题目宜小不宜大,从小处、实处拟出一个标题,小中见大,以一孔而窥全豹,这样以便对作文内容的把握,写出的作文才不会显得空洞。有些作文题目,如《春》《春天》《春意》《春韵》《春的精神》等,范围过大,指向不明,显得空泛。题目要小,这样容易析得深、谈得透。如《1919 的春天》《祖国的春天——中国古往今来的蓬勃发展》在时间和空间上缩小了写作范围,容易集中笔墨,突破一点。

(二)标点入题单调

文章的标题可以用纯文字的形式呈现出来,也可以用文字和各种符号相配合的形式呈现出来,甚至用纯符号的形式呈现出来。这样的标题可以给人耳目一新的感觉。本次作文大赛的标题中使用的符号比较单一,多是"·"间隔号如《一城春生·半树春落》《春归·生泽·无畏》《春思·槐》等,间隔号多用来表示书名与篇章、节、卷之间的分界,用在题目中未尝不可,但入题的标点还可以更丰富,如《为什么"5+2"会等于"0"》《"勤奋"+"天赋"="成功"》《水!水?水……》,以吸引读者眼球,引起阅读兴趣。

(三)标题结构美、音韵美须提升

好文章常常具有结构上的对称美与文字上的音韵美。曾国藩曾提出文章要"有骨有肉有声色",强调了文章结构、内容、音韵的重要性。标题是一篇文章的眉目,是文章内容与阅读者情感之间的最初接触点,是读者理解文章的第一窗口，所以特别讲究结构美与音韵美。有些小作者未曾注意到这一点，如《南国的春》一题，"的"字后面如果能用两个字，便可以与"的"字前面的"南国"相对称，构成对称美，比如改为《南国的春天》，不仅结构匀称，读起来也朗朗上口。再如《春的精神》一题改为《春天的精神》，结构上更整齐，音韵上更协调。如考虑平仄的错落有致，还可改为《春日的精神》。《春之道》《春日诗情，岁月珍藏》两个题目在结构和音韵方面就做得不错。

雅礼集团首次作文大赛作品拟题方面最突出的优缺点总结如上，希望集团语文教师及学子能够扬长补短，进一步提高自己拟题的能力。当然，拟题的方法还有很多，更多的拟题技巧还需要大家在阅读与写作的实践中去发现、去总结。只要我们细心采撷，多积累、多借鉴，就一定能使我们作文的"双眸"日渐明亮，摄人心魄。

（作者系南雅湘江中学语文教研组长，雅礼教育集团语文名师工作室核心）

标题摄全文，巧取在内功

——雅礼教育集团首届"春意"作文大赛拟题初探

文 / 曾素云

∨∨∨

【摘要】标题犹如文章的眼睛，看眼睛可初步探知文章内涵。

【关键词】春意大赛标题优缺点；拟好标题的妙处；如何巧取标题；标题与审题立意、布局谋篇、语言学意义、素材择取方面联系；对拟题教学的建议

巧取标题应该新颖一点；

生动一点；

时髦一点；

引用或化用一点；

积累一点。

正文：

亲爱的读者，你也许快速读过许多文章，如果让你说记住了什么，大部分人不假思索地回答应该是作品标题吧！考考你，你喜欢下列哪组标题：

第一组：

万紫千红又是春

美丽，都来之不易

不负春意

欣赏春天

第二组：

春光灿烂，应是奋斗之时

春的精神

春意在于希望

春已到来——记中美贸易战有感

第三组：

1919 的春天

醒了

李花又开放

与君相逢，何其美好

荠菜，春的气息

一城春生·半树春落

行走在春天里

春花虽谢但留籽

第四组：

绿色的火焰在春中摇曳

春之美好是冬之隐忍开出的花

野草

藏在果香里

春深柳笛奏，如雨春华

覆一尺春光奔远方

现在谈谈我个人的看法吧，我很注意引导学生在写作中巧取标题的重要性。孔子说，食色，性也。好色乃人的本性。所以人们对于衣食住行的物质需求，除了实用，还追求美观。精神上的追求更是如此，因为人的感官，视、听、嗅、味、触都希望接触到美的、令人愉悦的事物。好的标题对于读者来说，有同样的吸引力。

按照人的本性，我觉得上面四组标题：第一组，太普通，无新意；第二组，太直白，主题一眼看穿；第四组，作者为了追求标新立异，生造词语或句子，如《绿色的火焰在春中摇曳》《火焰在春中摇曳》《春之美好是冬之隐忍开出的花》《春深柳笛奏，如雨春华》《覆一尺春光奔远方》，这些标题读来甚觉别扭生硬，或拖沓不合情理、不顾客观事实：难道春意藏在果香里？果香是春天独有的特色吗？或标题笼统：无名无姓，无色无味。我作为读者或是评委，是不会从标题的角度选第四组文章的；读者应该看出来了，第三组"春意"作文标题是本次大赛评委老师青睐的标题，也是我个人大部分赞许的。

读者不禁要问，我该如何巧取标题才能达到既吸引阅读者的眼球，又符合自己的立意与文本的目的呢？我认为，有以下几种巧取标题的意识与方式，值得总结与琢磨：

一、按时间：如《1919 的春天》；课本如《你是人间四月天》。

二、按地点：如《一城春生·半树春落》，若一城改为星城，山水洲城，江城，羊城，春城，花城，则更容易唤起读者心中对某城的地理投射，写人叙事写景，也更有当地的地域或节令特色，让读者更能真实可感！课本如《老山界》。

三、按对象：如《李花又开放》《荠菜，春的气息》，这种取题方式，具体到某物，更易让读者在心中联想到关于此物的画面感或相关故事；课本如《驿路梨花》。

四、按话题:《春意》《春天的故事》;课本如《论教养》《敬业与乐业》。

五、按事件或主要内容:如《与君相逢,何其美好》《行走在春天里》;课本如:《曹刿论战》《邹忌讽齐王纳谏》《闻一多先生的说和做》《最后一课》;古典小说中这类按事件或主要内容取标题的方式很典型,如九上课本第六单元《智取生辰纲》《范进中举》《三顾茅庐》《刘姥姥进大观园》,这样的标题,主体事件分明,且能设置悬念,吸引读者。

六、按人物:如《邓稼先》《孔乙己》《阿凡达》《葛朗台》;这样的标题明确是写人物,突出人物性格或精神品质的文章。

七、按主旨:如《醒了!》《春之道》《春花虽谢但留籽》,可联想到经典《红楼梦》主题曲的标题《好了歌》;课本《秋天的怀念》。

八、按氛围:如《与君相逢,何其美好》《一城春生·半树春落》联想到经典标题《葬花吟》。

九、按线索:如《我的叔叔于勒》《老海棠树》《台阶》《背影》。

当然,好的标题有时是意蕴丰富而非单一的,如《我的叔叔于勒》既是按人物取标题,于勒也是行文的线索;史铁生《秋天的怀念》既是按时间取标题,也点明怀念的主旨。此外,应该还有其他取标题的方式,在此文暂时讨论的是以上几种。

审题立意之后,按照以上方式取标题,能够快速拟出合适标题。以"春意"为例,阅读三则材料,可以初步审题立意为:从实的春阳万物生的季节联想到春之顽强的生命力;可以叙事,联想到春意融融下的生命故事;可以由小我联想到国家民族之大我的春意,春的精神!审准材料之后,将瞬间触动内心的感受形成初步立意,按上面思考的九种提示方法取标题:最能扣题的是直接将主题或主旨做标题:《春意》《春的故事》,但这样的标题不足之处是缺创意,容易与他人标题雷同撞车,千人一面。故要寻求总结按照以上思维方式取标题的多种巧妙方式;如果老师有清晰训练方式的,则学生取标题的思维容易发散,取的标题各有侧重,在标题上会呈现出百花齐放的"春意";所以标题是最能直观呈现审题立意成果的第一环。

好的标题与结构也有十分密切的联系。如《从百草园到三味书屋》《闻一多先生的说和做》《三顾茅庐》等,标题揭示着清晰的结构与内容。

标题与语言同样有着千丝万缕的联系,甚至决定作者的行文风格。如郑紫菡《春池骈文》、周依依《春意·诗也》。从标题看,行文应该很注重语言的美感、韵律、节奏。而王卓凡的《永恒的春意》一文,是写陆游和文天祥留给中华民族永恒的春意,语言富有厚重的历史感。文奕的《不负春意》一文,大量引用了辛弃疾、李清照、张若虚、白居易写春意的诗句,语言富有诗意。

虽然以上三个方面并不是本篇详细讨论的内容,但作文是一个整体,不可孤立谈论,故应简略提及。

标题之于选材有着更密切关系:标题犹如文章的眼睛,看眼睛可初步探知文章内涵。如:张婧珂《1919的春天》,按时间取标题,作者认为这个时间很特别,选材就抓住1919年这个大历史背景下顾维钧在巴黎和会上义正词严地发言,生动再现顾维钧在"弱国无外交"下的破冰行动,迎接中国在世界的春天,荡气回肠!

宋浩然的《醒了!》,按照主旨取标题,着重描写奶奶突然晕倒后,他在一系列回忆对比中,内心的觉醒如春苗般欲破土而出,鲜明地突出主旨。

王子轩的《欣赏春天》这个标题,会激起读者的思考:为什么欣赏春天?欣赏春天的什么方面?如何欣赏春天?

梁家瑜的《春花虽谢但留籽》选取在春末花残的感伤中,看到牵牛花虽谢但留籽,从而联想到雷锋真诚奉献的一生虽然短暂,但留下了代代相传的雷锋精神,联想特别且合理。这些都是根据主旨取得标题与选材的联系。

孙雅歆的《一城春生·半树春落》按照地点取标题:他和妈妈,因为受大爷爷嘱托，给族中一位德高望重参加过抗美援朝的老爷爷送族谱，在敬老院看到这位老爷爷身上永远的春意：乐观开朗，为孩子们讲故事，推陈出新，老树发新芽，让年轻的作者永远记住了这座城的老树春意，标题选材均十分新颖。

课本《再塑生命的人》《应有格物致知精神》《我爱这土地》均为按照主旨取标题的类型。这样的标题主旨明确，有的富有哲理，引人深思。

胡骏晨的《行走在春天里》，这是按事件取标题，选取在行走中观察种田的爷爷，如何在秧苗的发芽中迎接春天，富有浓郁的泥土气息。李曼嘉的《糖葫芦里的春意》、徐锦怡的《春日里的一抹墨香》均是按照事件取标题，猜猜他们的选材是什么呢？

中学课本中有很多按照事件取标题的课文，如《唐雎不辱使命》《周亚夫军细柳》《送东阳马生序》《人民解放军百万大军横渡长江》等。

也许读者现在更能体会巧取标题的妙处了，不禁要问：如何巧取标题，才能吸睛，才能导引自己的选材方向呢？

南雅老师说：巧取标题应该新颖一点；生动一点；时髦一点；引用或化用一点；积累一点。

新颖一点，生动一点的标题，可以是思维的多角度或逆向思维；如张译丹《枯木逢春》、李珊妮《春意——枯枝上的新绿》、彭酉《衣兜里的春天》；可以是语言表达上的创新，即运用比喻、拟人、对偶等修辞，使标题耳目一新。

如课本的《紫藤萝瀑布》《土地的誓言》《生于忧患，死于安乐》，学习强国的标题《洪河草长伴鹭飞，初秋野花香满径》等。

时髦一点的标题，就是要在语言表达或内容上与时俱进，具有鲜明的时代特色。如《地球流浪记》中的台词"道路千万条，安全第一条"红火后，各种类型的仿版标题如雨后春笋。

引用或化用一点的标题，最注重学生内功的积累，所谓"千古文章一大抄"，强调的是文化的传承，如宋昕原的《最是一年春好处》这个标题，就引用了韩愈的"最是一年春好处，绝胜烟柳满皇都"。发表在《作文指导报》的尹怡轩的《与君相逢，何其美好》引用了王安石的"与君相逢处，不知春将暮"。刘雯文的《胜日寻芳》借用了朱熹的"胜日寻芳泗水滨，无边光景一时新"。龚欣怡的标题是《笑傲于春》，而不是笑傲江湖。

其实大家特别喜欢善于讲故事的电影标题，导演或编剧在取标题时，也是煞费苦心，他们或引用前人，或引领时尚……如《满城尽带黄金甲》《一江春水向东流》《激情燃烧的岁月》《速度与激情》……

当然，巧取标题在传承与创新中，最要紧的是积累一点，才会有后来的新颖一点；生动一点；时髦一点；引用或化用一点。

平时读书看报，阅读微信广告，都要有意识积累自己喜欢的标题：如写春的经典名家标题：《春江花月夜》《惠崇春江晚景》、朱自清《春》、张晓风《春之怀古》；9 月 15 日《潇湘晨报》中的《湖南中秋"炎值"爆表，气象专家解读高温成因》《情暖中秋》；人民网《这才是最美的"烟熏妆"——你勇敢救火的样子真帅》；"学习强国"中的每日一景标题：《栖霞山秋日赏枫》、纪录片《筑梦 2008》《钱学森——穿越时空的目光》等标题，作为读者的我十分喜欢。请你细细琢磨：这是用什么方式取的标题，值得你收藏吗？

作为读者，也作为作者，可从以上这些角度，思考标题的妙处，不断地积累，然后在变化中寻求自己个性化的表达。

当然，也有为追求标新立异而脱离客观实际的标题，如：《飒飒东风细雨来》，东风不是飒飒的，只有秋风才是如此。

曹丕在《典论·论文》中言"文以气为主。气之清浊有体，不可力强而致"。文章风格如此，文章巧取标题更是如此，不可强求。学习者在追求标题的新颖生动中，千万别忘了求真！要不断积累学习，功到自然成！

好的标题或如风云变幻的蓝天；或如重峦叠嶂的山峰；或如曲折回环的小溪；或如奔腾不息的大海；或如傲然挺拔的大树；或如漫天飞舞的繁

花;或如密生多姿的小草;或如月下漫步的恋人;或如行道树下携手的老者,或如运动场上奔跑的少年……总之,好的标题犹如美人,让你一见钟情! 她会唤起你对自然或者对人对事的美好联想与哲思! 人、事也是对自然的最大模仿!

道法自然,此乃最高境界! 标题拟取千姿百态,或明朗或曲折或委婉或生动或画面或哲思,但一定自然,且与文本密切关联!

2019 年 9 月于长沙

参考资料:

1. 曹丕《典论·论文》。

2. 部编教材 7~9 年级六册课本。

3. 雅礼集团语文名师工作室"春意"大赛获奖作品。

4.《潇湘晨报》。

5. "学习强国"平台。

(作者系中学高级教师,长沙市南雅中学教师,雅礼教育集团语文名师工作室骨干,长沙市骨干教师)

题好一半文，点睛成佳篇

文 / 向　丽

∨∨∨

《晋书·顾恺之传》中有载："恺之每画人成，或数年不点目睛。人问其故，答曰：'四体妍蚩，本无阙少于妙处，传神写照，正在阿睹中。'"精彩的写作标题就如绘画大师独具神韵的点睛之笔，文题善则佳篇成一半。

一、拟题

作为进入阅读视野的第一个要素，标题是文本形象的先行代言，是文本内容和读者心理的前置接触点。在"选取角度，自拟题目"成为近年中考、高考作文题的大势之后，写作更加具有了发散性、多元性、自主性。

常见的拟题形式有三种：1. 全篇拟定一个标题，这是沿用最多的形式；2. 正标题下附副标题，相互补充，相得益彰；3. 正标题下设三个左右的小标题，串联各节，贯穿全篇。好的标题总是熠熠生辉着豁达的理性思维之美和缜密的内在逻辑之美，不论形式如何，都可以做到：

（一）宽窄适度，题文一致。标题是对文章内容的高度概括，主标题要统摄全篇，大标题要引领小标题，小标题要照应内容，切忌文不对题。拟题的过程，就是把握文章中心的过程，与主旨准确贴合的过程，既不可"题"大于

由象及道悟"春意"

"文",也不能"文"大于"题"。

(二)简约精练,指向鲜明。标题要选好角度,言简意赅,语意明确,立意高远。我们要学会多维度思考,小中见大,小题大做,从具体可观可感的细小角度切入,扩展写作张力,远离抽象化空洞化平庸化。

(三)新颖有致,个性表达。标题可打破常规,避开惯性或俗套。此次集团征文受众达两万学生,主旨定位在"雅园春意生",拟题也大多以"春"字为核心要素生发开来,由表层义扩展到引申义、比喻义。在特等奖和一等奖作品中,就有一些另辟天地、绕开"春"字而取其景、取其意的创新,如:《醒了!》《冬生》《萌动》《起点》《胜日寻芳》《韶华逐物》《繁华落尽,采撷芳华》《桃夭》《燕子飞时》《种植心中的碧草》等,在山重水复中带给我们一种柳暗花明的欣喜,从满目蓊郁的翠色中款款走出,体现了独特的审美视角。

二、炼题

(一)摘其要言:所谓"要言",就是指材料中的关键词句,常常是中心句、抒情句或议论句,往往暗含着材料的中心话题,或者蕴藏着命题的情感倾向。作文的标题可由材料中的关键词句演化而成,例如:

农历三月,正是"阳春布德泽,万物生光辉"的美好时节。我们可曾思考一个问题:什么是春意、春天的精神呢?

春天是一个充满生机的季节,春阳普照,万物苏生。《礼记》中说"春之为言蠢也","蠢"意指万物蠢动不已。《说文解字》中说"春,推也。草春时生也",解"春"为"推",强调在"草春时生"的过程中,推破冰封的顽强动力。

春天激发的是每一个人心中的诗情与活力。在春日下,高声吟咏,抒发意气与性情,实在是一件令人神往的事。

思索春意,令人感慨不已。对个人而言,春天正是振奋昂扬、起而行之的季节。对中国而言,跨越冰封的记忆,始终追求自由、平等、文明、富强,无畏险阻,生息不已——这种精神,正是中华民族的盎然春意。

在勾画出这些关键语句后,标题就可以围绕"季节""个人""国家"展开,加以概括或修饰,如《春香十里》《春之旅》《我有春华如故人》《盎然春意·奋斗青春》《春魄》《民族春意生》《春已到来——记中美贸易战有感》,就真切地感受到春之丽景、春之生机、春之神韵。

如果材料中缺乏明显的关键词句,我们就要学会梳理材料的脉络,用简要的话语概括大意,开阔写作思维。

(二)扩其前后:所谓"前后",就是在话题中心词前添加表限制、修饰的成分,在其后加上相关情形、态度、阐述或诠释,将作文话题化虚为实,化大为小,化抽象为具体。例如:

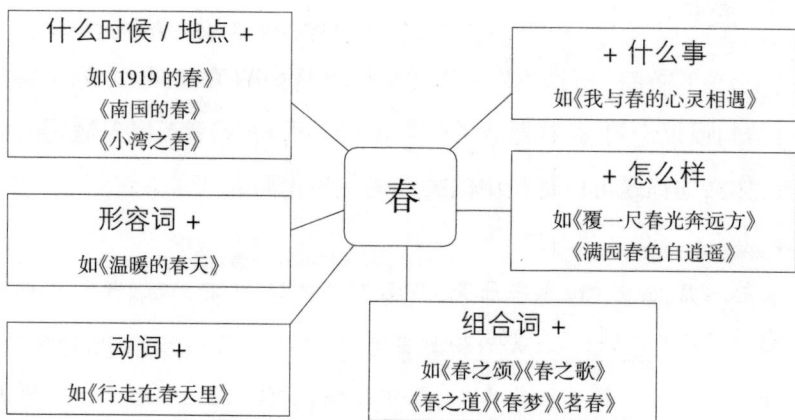

什么时候/地点+
如《1919的春》
《南国的春》
《小湾之春》

+什么事
如《我与春的心灵相遇》

形容词+
如《温暖的春天》

+怎么样
如《覆一尺春光奔远方》
《满园春色自逍遥》

动词+
如《行走在春天里》

组合词+
如《春之颂》《春之歌》
《春之道》《春梦》《茗春》

春

通过思维导图前后补白,层层组合挖掘出"春"的多层含义,格局更大,视野更广,立意更深刻,丰富了文章的内蕴。

三、润题

(一)物象渲染:选取生活中触动自己心灵的物象,从声音、色彩、形态、情感等方面进行渲染,拟出画面鲜明、动感强烈、富有视觉冲击力的标题。如《春日里的一抹墨香》《糖葫芦里的春意》《春·柚子树》《春熙·花路》等。

(二)关联组合:将具有内在联系的事物组合在一起,一般是两三个词组,可由小到大,由浅到深,由古至今,内容前后呼应,构成一个逻辑严密、富有诗意的整体。如《春·梅香·稻芳》《春思·槐》《春归·生泽·无畏》等。

(三)妙用修辞:灵活巧妙地运用多种修辞手法,绽放语言艺术之花。常见方法举隅如下:

1. 比喻:如《春意之舞》《春的笔画》形象生动,含义隽永。

2. 拟人:如《春天的赠礼》《江南春意闹》赋予景物人格,鲜活性灵。

3. 对偶:如《一城春生·半树春落》形式匀称齐整,富于美感。

4. 引用/化用:如《最是一年春好处》《万紫千红又是春》《繁华落尽,采撷芳华》《春嫩不惧寒》《携一缕春意,装饰你的梦》诗意盎然,意蕴深长。

(四)设置悬念:以奇特的事物、反常的动作、陌生而新鲜的观点、出人意料的论断、矛盾的冲突等为标题,如《衣兜里的春天》《捧春》《平怀志异衔春说》等,让人顿生好奇感,激发起强烈的阅读兴趣。

(五)巧用标点:适当地在文题中加入标点符号,不仅别致新颖、简洁生动,而且耐人寻味。如《醒了!》就是以有力度的短词、醒目的感叹号,体现小主人公被生活唤醒时如种子破土而出的那一瞬间的种种震撼。

好的标题犹如文章的一双慧眼,具有形式的视觉之美、结构的凝练之美、语言的简约之美、表述的文采之美,折射出作者智慧的光芒和个性化的魅力。"题高则诗高",让我们不断雕琢出形质兼美的文题,领悟拟题之"道",提升写作之"格"。

(作者系中学高级教师,长沙市雅礼洋湖实验中学初中部教研组长,雅礼教育集团语文名师工作室骨干,长沙市卓越教师骨干)

厚德由物载，细目须纲张

——中学生文章写作结构浅说

文 / 周述乔

∨∨∨

一般来说，一篇好文章的形成，正确流程是这样的：

1. 主旨立意，目标明确。譬之建筑，即首先要确定好整体风格，大致造价。

2. 整体设计，思路清理。譬之建筑，即在整体风格下勾画草图，浇铸框架。

3. 具体行文，材料运用。譬之建筑，即根据施工图纸和泥砌砖，架梁盖瓦。

4. 局部修饰，语言锤炼。譬之建筑，即毛坯完工之后平地抹墙，着色雕花。

一般来说，一篇考场作文的评判，简单依据是两个字：对、美。

于立意主旨而言，准确是"对"，高远是"美"。

于构思谋篇而言，清晰是"对"，多变是"美"。

于具体行文而言，恰当是"对"，丰富是"美"。

这几个方面是环环相扣、紧密关联的。

这里单说文章的谋篇布局，而且定语是"中学生文章写作"，简言之即中学生的日常作文或考场作文，断然不可能谈得很深入。但见微知著，学生了解一些基本的谋篇布局方法，加强一点整体构思的意识，假令日后要从事专门的文学创作，亦可类而推之。

有人说"结构是一个容器"，即你会选择一个怎样的载体来承载你所要

由象及道悟"春意"

表达的东西。

比如这一次的集团作文比赛，你是要借一个什么东西来表现"春意""春的精神"呢？是借一个人，一处景，还是一件物？是借一场对话，一瞬间的大脑风暴，还是一段 QQ 留言？

长雅中学 1814 班胡骏晨的《行走在春天里》借了"爷爷"这一人物形象；怀化雅礼实验学校 1810 班梁家瑜的《春花虽谢但留籽》借了"牵牛花"这一物象，怡雅中学初一（13）班张玄微的《春深柳笛奏》借了"柳笛"这一物象，雅礼洋湖 1809 班王芷晴的《春光灿烂，应是奋斗之时》借了"苔花"这一物象；而怡雅中学 1803 班向祯珺的《小湾之春》则是借了小湾春景……不同的选择，所呈现出来与主旨的巧妙关联以及载体的新颖程度及文化内涵是不一样的。

就常规的写人叙事而言，所记之人、所叙之事是源于现实还是源于想象还是源于历史？这里便可以有些讲究。比如怀化市雅礼实验学校八年级 1701 班张婧珂同学的《1919 的春天》巧妙地借用了历史事件，顶层设计便显得与众不同。写人叙事的过程中是突出整体事件还是具体细节？这里也可以有些讲究。比如雅礼洋湖 1803 班周梓扬的《一定会来的春天》主要追求整体故事的曲折，而南雅中学 1812 班宋浩然的《醒了！》则是突出人物动作的细节。当然更可以在人物塑造和事件叙述的过程中加入某个物象，即所谓"人、物结合"法，人事结合物事，物象呈现人象。中雅培粹学校 1705 班孙雅歆的《一城春生·半树春落》庶几有点这个意思，但物象的故事参与力度还是有点不太够。比如说要表现"高洁"，可以设计一个"工匠琢玉"的故事；要表现"清廉"，可以设计一个"村官种莲"的故事……

确定好文章的"载体"之后，就需要对行文的具体思路，各部分之间的逻辑关系、串联方法进行设计。

南雅中学 1806 班王子轩的《欣赏春天》由"欣赏春天，欣赏她的坚忍不拔"到"欣赏春天，欣赏她的活在当下"；北雅中学 1813 班詹学易的《满园春色自逍遥》由"听，那一声春雷始动"到"看，那一丝春光倾落"；怀化市雅礼实验学校1803班刘芷羽的《南春》扣住"清、柔、淡"来写春……体现的都是"并列式"的段落逻辑关联。

中雅培粹学校1801班石可汉的《春之道》由"春之景象"到"春之韧性"到"人之弘毅";雅礼洋湖1809班彭思彤的《这个春天,春意浓浓》由"小草"到"冰花男孩"到"海思集团";株洲南雅1805班周子仪的《庭溢春韵》由"春的模样"到"春的气息"到"春的情绪"……体现的则是"层进式"的段落逻辑关联。

西雅中学1809班李曼嘉的《糖葫芦里春意》开篇"我家楼下来了个奇怪的老头"悬念顿起,怀化雅礼实验学校1810班梁家瑜的《春花虽谢但留籽》前后呈现"先抑后扬"的对照变化……

而段落之间的联结方式,固然也是大有文章可做的。雅礼洋湖1801班谭碧欣的《春韵》以"立春""雨水""惊蛰""春分"等春季"节气"关联,既体现时序更替,又内含满满的文化气息;北雅中学1811班金妍茜的《诗·春》、南雅湘江中学1801班皮雅文的《燕子飞时》、雅境中学1810班王嘉昱的《桃夭》等篇巧妙引诗关联,既体现了诗歌的起承转合,又内含满满的意象美感;雅礼天心中学1814班黄如果的《春意》以原创排偶句"半帘春雨,半地绿""半树桃花,半院春""半绒阳光,半米香"串联各段;北雅中学1710班姚婕的《春之诗》更是以"春是……"式的化引典故、音韵和谐的诗句串联各段,既形象体现了"春"的丰富内涵,又能让人感受到小作者满满的文字功力……

要言之,为文之法,千变万化,任何一个人都不可能掌握、擅长所有的写法。但养成"方法研究"的习惯,强化"特色追求"的意识,于每个写作学习者、爱好者而言,必不可少。

倘若此番分析能引发大家对"文章结构学"的探讨,进而引发大家对"为文之法"的研究,则也算"阿弥陀佛,善哉善哉"! 如此,纵便文中某些概念、某些说法、某些分析多有纰漏,也断断乎可以见谅矣!

(作者系长沙市雅礼中学语文备课组长,雅礼教育集团语文名师工作室核心)

思深方益远，谋定而后动

文 / 周翠平

∨
∨
∨

本次作文大赛，立意高远，规模宏大，旨在通过这种活动引领学生走一条作文教学的真实而有意义的道路。参赛作品中涌现出了大量可圈可点，构思精巧的佳作，我观察的是布局谋篇，布局是写文章中的一个重要环节。如果不安排文章的结构，材料和主题就结合不到一起，文章就成不了形；结构安排得不好，写起来就会"十步九回头"，写出来的文章断痕累累，文气不畅。而只有"袖手于前"，把全文结构布局精心谋划一番，才有可能"疾书于后"，一气呵成。在获奖作品中呈现了丰富多样的布局谋篇技巧，如片段组合法、一线串珠法、设置悬念法，除此之外，以下方法也运用较多（为了避免和谢旭梅老师的选点重复，我选择了其他的技巧加以归纳）：

一、**虚实相生法**：《1919 的春天》（张婧珂）运用了虚实相生法，实写巴黎的春天，虚写中国的春天；将现实中春天春色和祖国的春天结合，相辅相成，渲染烘托，从而表达了春意——中国对独立自由平等的追求，产生强大的艺术感染力；《欣赏春天》一文由欣赏自然的春天的坚忍不拔到欣赏人生的春天的积极向上，再到中华民族的春天，虚实相生，层层递进，表达了对国家民族国泰民安的赞颂；《初春逐梦，自不言寒》（刘冰垚）从实写的自然春意到虚写的历史人物的高雅春意,再到名人实现梦想的春情,由实到虚,纵横捭阖,张弛有度;《春天》(周卿宇)中春景为实,亲情和"成长的颜色"为虚,景随情生,情景交融,清丽婉约;《春梦》(段曦)桌前奋力备考为实,梦中受爷爷的鼓励为虚,实处落笔,虚处传神,"一席春梦,百般努力"。

二、以小见大法:《捧春》(吴抒妍)选取生活中买苹果的小事,以小见大,赞扬了如春风般的诚信品质;《冬生》(朱可馨)以小见大,通过家庭的变化从而感知祖国的春天已经到来;《无论你是野花》(周睿卓)由春天中野花野草的精彩到生活中平凡人的价值,再到整个新中国的春天,以小见大,升华主旨——"如果每一个平凡的人都能绽放自己的光彩,就能实现新中国的春天",《春意》(李政轩)从小处着笔,以花草的顽强联想到国家的精魂,可见其境界之高;《春魄》(刘潘婷)以一棵树的生命历程为主线,展现了其枯木回春的蓬勃生命力,却从小的切入点窥探到了春的魂魄和精神。

三、设问构思法:《逢春有意》(何宇)全文由若干设问构成:"春谓何物?""何谓春意?""何谓春之精神?"每设问一次,文意便递进一层,主体部分紧扣提问展开回答,层层深入,立意深刻;《春之诗》(姚婕)开篇便问"春是什么?"以一问统领全文,接下来回答"春是万千浩荡明月照海""春是绿水行舟青山之外""春是无边光景清风徐来"……一问多答构成全篇,结构紧凑,形式新颖;《盎然春意,奋斗青春》开头用问句总起"什么是春意?什么又是春天的精神?"引人深思,结尾呼应解答,首尾圆合,点明主题。

四、引用构思法:《不负春意》(文奕)中引用大量诗词佳句,既反映出作者思维的丰盈与敏捷,又使文章氤氲着浓郁的文化底蕴;《我与春的心灵相遇》(李佳璇)除了运用片段组合之外,每个片段中也有诸多与春有关的诗词,化用无痕,情感表达富有感染力;《春意·诗也》(周依依)以不同诗词作为段首句,串联起春景、春意、春情,意蕴悠长;《桃夭》(王嘉昱)以桃夭全诗贯穿全文,这种引一首诗贯穿全篇的方式让全文诗意盎然,余音绕梁,回味无穷;《燕子飞时》(皮雅文)以三句与春有关的诗句"沾衣欲湿杏花雨,吹面不寒杨柳风""燕子飞时,绿水人家绕""乱花渐欲迷人眼,浅草才能没马蹄"贯穿全文,形式新颖,结构精巧;《春的精神》(周子潇)一文中分别以"春眠不觉晓,处处闻啼鸟""等闲识得春风面,万紫千红总是春""随风潜入夜,润物细无声""野火烧不尽,春风吹又生"作为段首句贯穿全篇;《韶华逐物》(何楚菊)以三句诗为小标题"春光无限好""岁岁年年人不同""润物细无声",层次分明,笔法精妙。

五、卒章显志法:《胜日寻芳》(刘雯文)通过写一种特别的花"海桐",在描写特殊香味之后悟出哲理——"春,不只有姹紫嫣红,芳华绝代,还有平凡无奇";除此之外还有《一城春生·半树春落》(孙雅昕)、《行走在春天里》(胡骏晨)、《小湾之春》(向禛珺)。

其他方法:事理开掘法:这种方法大多由一人或一景或一事生发开去,由此及彼、由景生情或由事而议,如《破冰而行的春》(唐源清)在自己寒假上补习班冲刺入学考试的经历中,由一株破冰而出的兰草联系到遇到学习困境时想方设法地突破,最后领悟人生"要破冰而行,与命运一战";如《那一棵"枯树"》(伏雅淑)围绕一棵枯树展开情节最后引发对春天与生命的感知:"按照自己的节奏,默默耕耘积蓄能量,然后便是水到渠成,精彩绽放";《请为一次华丽的绽放,把握春光》(谢雨庭)由金银花忍过冬天拥抱春天的经历,沉思明白"每一次华丽的绽放都离不开冬天的积蓄",从而激励自己"积蓄力量",成为最闪亮的忍冬!三大数小法:《春之美好是冬之隐忍开出的花》(周亚诺)运用三大数小法,第一部分提出观点"一切美好的东西都是从斗争和牺牲中获得的,而美好的将来也要以同样的方式来获取",第二部分从三个方面展开"绿荫之浓是风雨之磨砺开出的花""生活之安逸是青春之奋斗开出的花""人生之圆满是灵魂之修炼开出的花",第三部分简短收束,照应全文。

以下方法新颖独特,与众不同:视角组合法:《春·梅香·稻芳》分别从三角梅和农民的角度叙述,以九个片段的方式加以呈现,在两者看似支离破碎的叙述中寻找结合点,一步一步拼凑出了完整的故事情节,既避免了叙述的单一片面性,又让文章有了更为丰富的内涵和思想;比拟构篇法:《春的力量》(向烜昭)中选取了一个独特的视角——将自己幻化为一滴水,来观天地之春,想象丰富,构思独到;《永恒的春意》(王卓凡)一文中则将自己比为"南宋的一抹春雨"去追寻落在历史文明中的春之精神;《春醒》(思薇)把春比拟为渐渐睡醒的婴儿,匠心独运;而在《春的笔画》中小作者又化身为花,由春到冬,由生至死去经历春天,理解春的笔画。

多种方法综合运用,如《春之诗》(姚婕)既运用了设问构思法又运用了引用构思法,多种方法的灵活运用,使得行文多姿,结构精巧;如《春的精神》(周子潇)把引用构思和片段组合法有机结合,引经据典而又行文清晰;《无论你是野花》(周睿卓)融以小见大和卒章显志于一体,层层深入,立意深刻。还有不走寻常路,以一首长诗(古体诗)惊艳赛场的《平怀志异衔春说》(舒伊杏)。

好的谋篇布局贵在巧设计、妙安排。真正的巧妙来源于对生活的体验和深切感悟,来源于对真实生活的高度概括和浓缩,来源于人人心中有但个个笔下却无的独特和新颖,而这些获奖作品则诠释佐证了这一点。

☕ 思考...

1. 谋篇布局虽然可不拘一格,求新求巧,但新要有所皈依,巧亦不可做作。我们所研究的是已经筛选过的佳作,自然大多是高于同龄人水平的优点突出的文章,所以不能代表全体水平,自然也难以把脉提出针对性的提高全体学生写作水平的建议。但是从这些优作来看,片段组合法、引用构思法、以小见大法是运用得最多的技巧,这也是初中作文教学中训练得较多的应试技巧。

2. 就近取材,向课文学布局谋篇,如《春的力量》(向烜昭)

中选取了一个独特的视角——将自己幻化为一滴水,来观天地之春,很明显是模仿了阿来的《一滴水经过丽江》的构思,教材是取之不尽用之不竭的写作源泉,读写结合,也是写作教学的有效途径。

3. 写什么比怎么写更重要,表达形式是以表达目的为基础的,学生一旦确定了自己的表达目的,所有的技巧才能焕发光彩。

4. 有些文章追求宏大叙事,或者旁征博引,或者陈述几个故事,不痛不痒,无关紧要,不知所云。

5. 很多文章引经据典,从大量作品运用引用构思法可见,显示出了同学们较厚重的语文积累和文化积淀。但秋雨体的文章仍然存在,东拉西扯一堆不相干的材料,借助排比的句式或段落,貌似很有声势的表达,骨子里却没有任何实质性的内容。

6. 无论是人文写作还是生命写作,价值和文化的输入如何转化为生活体验的输出,人文太大,如何窥一斑以见全豹;一文太短,如何以小见大;如何不仅构建写作的支架,还赋予它灵性的血肉……这些是需要我们反复咀嚼,深度思考并探索实践的问题。

7. 写作教学若不立足于学生写作思维的训练,就很难形成学生的写作自觉,也无法让学生形成高水平的写作能力。怎样谋篇布局?教师的每一次指导都得递给学生一条清晰的写作思维路径,让学生总结归纳有效的写作规律,使其写作有"手"可抓,有章可循。

(作者系长沙市雅礼实验中学语文教研组长,雅礼教育集团语文名师工作室骨干)

小谋略，大格局

——谋篇布局角度分析报告

文 / 谢旭梅

∨∨∨

古语云："谋定而后动,知止而有得。"做人做事如此,写文章亦然。好文章当有谋篇布局之意识和策略。

所谓"谋篇",就是合理根据顺序组织材料。材料的安排要有详有略,要把最能体现中心思想的材料作为重点来写,把那些只是起辅助作用的材料写得简略一些,这样才能使得一篇文章重点突出,中心明确。所谓"布局"就是安排文章的结构,按顺序组织材料。

此次雅礼集团作文大赛中,令人欣喜地看到不少文章讲究谋篇布局,让文章具有形体魅力的同时,更写出了春的精神,展现了大格局、大视野。

一、一线串珠

清代学者刘熙载讲："唯能线索在手,则错综变化,为吾所施。"就此次作文题目而言,有一条乃至多条线索,可以把丰富而散乱的材料串联起来,组合成浑然一体的艺术珍品。

（一）以实物一线串

以一个具体的实物来结构全文，将各种人或事集中到它的周围，以此巧妙地展开故事情节。如雅礼实验中学1714班徐锦怡的《春日里的一抹墨香》，以爷爷的墨香串联整篇文章，这一抹墨香中传递的不仅是作者和祖父对书法的兴趣，更多的是祖父对作者的谆谆教诲与不尽的关爱；又如雅礼雨花中学1707班杨妤婕的《尺素不及春长》，以信为线索，写了老友之信，传递友谊之春，还写了老师手书，传递师生之情；还比如南雅湘江中学1702班伏雅淑的《那一棵"枯树"》，围绕春天中的那棵枯树，展开情节，叙事清楚完整，详略得当。

（二）以时（空）一线串

以时间先后顺序或者以地点空间的变化为线索安排文章结构。如中雅培粹学校1807班张泳的《文之春》，按照时间线索，写了"甲骨文之春、唐诗之春、宋词之春、元曲之春、明国小说之春"，清晰明了。

（三）以情感一线串

以作者的思想感情来行文达意，这对一些没有中心事件和具体的故事情节的文章，尤其适用。如雅礼天心中学1813班李佳璇的《我与春的心灵相遇》，从"相识"的懵懂，到"走近"的欢喜，再到"相遇"的幸福，层层深入，集中表达了小作者的情思。

（四）以事件一线串

此次作文大赛的题目适宜写记叙文，记叙文以叙事为主，以事件为线索是记叙文常用的线索安排方法。事件常有起因、经过、结果，交代事件时，要依照其过程清楚写出来龙去脉，以便给人完整的认识。如雅礼洋湖中学 1704 班吴霞的《春思》，围绕"爷爷生病"这一事件，写"爷爷得病—爷爷抵抗病魔—爷爷病愈"来构思全文，同时还穿插写"小绿芽种植土里—小绿芽遭遇风雨—小绿芽苗壮成长"这一事件，两条事件线索，一明一暗，并驾齐驱。另外，雅礼洋湖中学 1703 班黄力余的《春意在于希望》，同样是围绕"李树重生"和"芳姨的重生"两件事来安排文章。

二、尺水兴波

短短篇幅，情节发展却能一波三折，这就是尺水兴波。其作用可以吸引读者，引人入胜。

（一）巧设悬念

设置悬念的关键在于"巧"，设置在适当之时，适当之处。悬念可以设置一处，也可以设置多处，环环相扣，使文章结构曲折多变，让人回味无穷，意犹未尽。如雅礼麓谷中学 1810 班郭珍熙的《沉淀千年的春意》，在开头写道："何谓春？是那点点滴滴的春雨？还是那丝丝缕缕的春风？抑或是那千年不息永不退缩的民族魂……"用几个疑问激发阅读兴趣；又如北雅中学 1710 班姚婕的《春之诗》，"春是什么呢？"作者开篇以此发问，勾起疑惑，随后以铺排的方式，用一系列诗歌来解读这一问题，不急不缓，一直牵引着读者的心。

（二）欲扬先抑

欲扬先抑的诀窍是：压得低，抬得高；"压"是手段，"抬"是目的。行文中，先"压"后"抬"，"压"是为了造成更大的陡势，更高的高度，使后面能够抬得更高，达到强烈的效果。如怡雅中学 1803 班向祯珺的《小湾之春》，由对小湾春景的荒芜，转向写故乡人民的安居乐业，最后上升为一种积极进取的精神；又如怀化雅礼实验学校 1810 班梁家瑜的《春花虽谢但留籽》，由对后山花林花儿凋零景象的大失所望，再由花悟人，赞美"勤劳奋斗"的精神。

三、镜头组合

在题目允许范围内，选择几个生动、典型的片段、故事情节或景物描写等，把它们有机地组合起来，共同表现主题。如雅境中学1803班李芸凡的《春天》以"青青河边草、微笑的花儿、苍劲的大树"三个画面写出大自然一草一木的精神；又如雅礼天心中学1705班范文昭的《春·梅香·稻芳》，故事由九个片段串联，采用双线并存的结构：三角梅在等待春天，农民在寻找春天。层次分明，结构完整。

四、创新格式

除了上述三种常用的谋篇布局结构，此次作文大赛还有部分文章在格式上有所创新。

（一）书信格式

怡雅中学1710班温彦锦的《醒来吧，世界春意盎然》这篇文章巧妙采用书信体的格式，与自我对话，体现了作者不同时期的成长感悟。

（二）文言格式

中雅培粹学校1801班石可汉的《春之道》，整篇文章用文言文写成，篇幅短小精悍，思想深邃，展现了极强的文言功底。

（作者系西雅中学语文教研组长，雅礼教育集团语文名师工作室骨干）

这些娃，都不好好说话

文 / 刘智锋

> > >

　　这次集团作文大赛评选出了一批特等奖、一等奖的作品。赏读完毕，我心里突然冒出一句话：这些娃，都不好好说话！

　　为什么这样说呢？请大家看几则语录：

　　(1)艺术之都，仍弥漫着战争后的硝烟。中国代表们在众盼下登上开赴巴黎的航船，巴黎和会。

　　(2)我想象花草钻破冰层，出现在未融的末雪中，在中国。

　　(3)昏暗，阴冷，明晃晃的金属反折的光爬向了我，已有他国代表到场……灰蓝或浅棕的眼珠微转，目光扫过我的面庞，双拳不自觉地紧捏。

　　　　　　　　　　以上三则摘自怀雅张婧珂的《1919 的春天》

　　(4)我腾出手，摸索着去寻找什么，却在冬日里，触摸到彻骨的冰凉从指尖蜿蜒而上。直到，我捞起春天，融化的风斡旋在手中，呼吸渐暖，脸颊微烫，身体泡进热腾腾的水里，洗涤干净满身的尘埃污垢，重新站在渐渐苏醒的大地上。

　　(5)薄汗渐渐透轻衣，春天，暖了人的身心；青草离离吹又生，枯荣，镌刻

由象及道悟"春意"

了春的往复。

以上两则摘自蔡津宜的《覆一尺春光奔远方》

(6)朔方的寒冬化作阵阵狂风,咆哮着翻卷着,施展着它的余威,让人无法想象:哪里会有春天?<u>但</u>,就在这十分恶劣的天气里,春,已悄然生根,静待萌芽。

以上摘自南雅王子轩的《欣赏春天》

(1~2)画线部分的"巴黎和会""在中国"在句中所处的位置似乎偏离日常用语的结构位置。生活中的普通语言表达或许是这样:

(1a)为参加巴黎和会,<u>中国</u>代表们在众盼下登上开赴巴黎的航船。
(2a)我想象<u>在中国</u>花草钻破冰层,出现在未融的末雪中。

张婧珂同学的表达总让人觉得逻辑上不够通畅,日常用语相对更合理。为何不用日常用语好好表达呢?我想,只要大家对比朗读一下,就能找到答案:日常用语(1a~2a)似乎重视信息传达,张婧珂同学则更重视给读者传递一种爱国之情的深沉感。虽然原文表达逻辑有些跳跃或者夸张地说有"逻辑断裂",但这恰好能给读者一种情感暗示:(1)句让读者感到中国代表去巴黎时那份沉重的责任,(2)句显示出对中国新气象的深切期盼。另外,(1~2)这类变形后的句子,也给读者一种不同于日常用语的陌生形式。阅读中陌生感的产生,使"巴黎和会""在中国"成为句中的焦点。这种焦点往往能够刺激、诱惑读者去咀嚼、体悟其中饱含的情感。

再看第(3)句中的"昏暗、阴冷",这两个形容词值得我们注意:一者,它们的主语被隐去,"昏暗、阴冷"在句中焦点化;二者,它们中间被顿号点开,形成明显的顿挫感。为何隐去主语呢?回答问题前,我们先找找被隐去的主语。根据上下文,"昏暗、阴冷"的主语大概有二:最可能的主语是"会场",可能的主语是"明晃晃的金属反折的光"。通常,我们要求说话简明,即使省略,主语一般也只有确定的一个。(3)句主语模糊,于逻辑上讲似有不妥,但就表达效果而言,比单一明确的主语表达了更丰富的意蕴、更强烈的情感。所以,隐去主语导致情感词焦点化的语言策略是很有价值的。另外,省去"昏暗"与"阴冷"中间的顿号,读起来似乎更顺畅。加了顿号,则这两个词语朗读起来有明显的顿挫感。作者为何这样处理呢? 我想,朗读时那种顿挫感突出了"昏暗"与"阴冷"的焦点地位,也让人更觉着一种沉郁感。

分析至此,可能有人会问:(3)句省略主语让"昏暗、阴冷"焦点化,这是张婧珂同学特意使用的语言策略吗? 我想不一定,或许作者本身都没有关注(3)句的语言特点。但这并不影响张婧珂同学语言的表现力。如果一定要追问(3)句语言特点的来由,我以为是作者的情感使然。言为心声,内在的情感总是会寻找最能符合自己特点的语言形式来表达。学生之所以语言表现力不强,要么是情感不真诚,要么是语言训练不到位。

(4~6)三句中"我腾出手、却在冬日里""春天、荣枯""但、春",这些短语或词语后都标了逗号。从语用角度看,这些短语或词语在句中因此成为作者特意强调的焦点信息;从朗读而言,它们需要用较缓的语速、郑重的语气读得饱含深情。这些句子在可以不必用逗号的地方用了逗号,对正常的语言形式进行变形,造成的那种顿挫感有着较强的情思暗示作用。为了表情达意,小作者们除了对语言形式进行变形,还特别注意长短句的搭配。请看具体语段:

(7)走进正大门又是一条向上延伸到几栋红瓦红墙房子的长长林荫路,路旁是两排高大的香樟树,树干都差不多两个人才能合抱粗细,似乎很生长些年头了,挺立着,像威严的守护者。抬头望去,一层新绿簇拥着一层新绿往上伸展着、涌动着、延绵着,颇有遮天蔽日的架势。

以上摘自中雅培粹孙雅歆的《一城春生·半树春落》

由象及道悟"春意"

(8)风一吹,似替我松动了筋骨,灌输了能量,突然那样热切地渴望去闯、去疯、去撞、去奋不顾身地一头扎进春天里,满面都是春睡眼惺忪又柔和的目光,满眼都是春缱绻又苍翠欲滴的清新,满怀都是春暖融融又软绵绵的气息。

以上摘自蔡津宜的《覆一尺春光奔远方》

(9)奶奶焦虑什么?什么时候开始得这个病的?阿然想不清楚。是从上初中后,奶奶一进书房他就找借口去厨房或找东西然后磨磨蹭蹭不见人影开始?是从一上餐桌他就只顾埋头扒饭夹几根离他最近的那碗菜对爷爷奶奶的叮咛心不在焉那时开始?还是从奶奶对学校发来的各种学习须知、考试结果、活动要求不得不频频打开手机看短信开始?抑或是其他与他无关的原因,比如奶奶有眩晕症家族遗传史,她毕竟已经是一位70岁的老人了,等等。

以上摘自南雅宋浩然的《醒了!》

在语言学视角里有这样的观点:一、通常语言信息量的大小与"音节或文字"数量的多少成正比。二、语用上,句子的音节或文字数量越多,则更倾向于理性表达;句子的音节或文字数量越少则更倾向于感性表达。我们观察一下(7~9)三则语录,发现它们是上述观点较好的注脚。

先朗读第(7)则语录,会发现前半截信息量大的长句多,后半截信息量少的短句多。语用上,长句偏重于对环境的客观、理性陈述,文字里透出一种平静和淡淡的愉悦。短句不同,它们合在一起显出明快的节奏,显得非常感性,作者的感情似乎激动起来了。在这种长短句的搭配、交替中,细心的读者一定会感受到情思的起伏与变化。

同样是长短句的搭配,第(8)则语录又不同于第(7)则。第(8)则前半截短句偏多,情感热烈,后半截变为长句——"满面都是春睡眼惺忪又柔和的目光,满眼都是春缱绻又苍翠欲滴的清新,满怀都是春暖融融又软绵绵的气息。"——这使得语言节奏舒缓起来,感情也随之温柔了。

第(9)则有些独特。原文中这一则前后的文段短句偏多，长句搭配也合理。但到了这一段，作者大量使用长句，只有开头的问句——"奶奶焦虑什么？"——是短句。为什么呢？我想作者把大量的信息浓缩在句子中，虽然让人感到句子冗长，但这一个个冗长的问句又明确地告诉读者：一、他努力从大量回忆中寻觅奶奶焦虑的原因；二、他平时对奶奶关心不够；三、暗示奶奶的焦虑与自己有关，作者心疼又惭愧；等等。

总之，获奖作文的作者们对句式长短安排与调配显得较为熟练。通过这样的语言策略，小作者们写出了比日常用语更具表现力、颇具文学性的文字。这真是令人惊喜！

行文至此，我还想起一篇特殊的获奖作品——《春之道》。这是中雅培粹学校初一年级石可汉同学的文章。说它特殊，是因为《春之道》是以文言写就的。古代很长时间文、言都是分离的，平时说话与写文章，其语言形式自然不同。为何要文（书面语）、言（口语）分离呢？其中原因复杂，此处三言两语阐述不清。就表达效果看，古代书面语表现出了不同于古代口语、现代口语的简约美、韵律美等一些优点。石可汉同学较为熟练地运用文言来写作，其《春之道》实词妥帖，虚字允当，节奏分明，言之有物，真是值得我们赞叹！

读完获奖作品，我的脑海里浮现出俄国批评家罗曼·雅各布逊的一种观点：写作是一种"对普通言语所施加的有组织的暴力"！看看雅礼集团的孩子们吧，他们或有意、无意地对语言进行变形，或对句式长短进行调配，或借用古代文言形式写作，这些孩子都不是好好说话的娃！他们对普通语言的组织、节奏施加暴力，有意、无意地偏离日常言语方式，从而让笔下的语言文字更具文学性！虽然这种文学性在孩子们的文章里表现得较为稚嫩，甚至呈现力度很弱，但我看到了"文学性"在孩子们的心中、语言里正蓬勃生长！

（作者系语言学博士，长沙市雅礼中学青年教师语文备课组长，雅礼教育集团语文名师工作室核心）

让典雅而个性的语言熠熠生辉

文 / 海　霞

∨∨∨

　　文字是有温度的,语言文字里总透着情感。"春"本身有无限可能,在十二三岁学生的笔触下折射出不一样的魅力与光彩。细细品读这些获奖作品,稚嫩中带有坚韧,平实中不乏哲思,一幅幅美丽动人的画卷慢慢展开,呢喃细语、轻歌燕舞,春之乐曲踏之而来,春天的故事带着泥土的气息,带着稻谷的清香,带着烟雨的朦胧,带着丝丝甜意。

　　看一路走来的文题,优美而典雅,文简而意深。都说闻香识酒,我们可以闻题识文了。《1919的春天》《一城春生·半树春落》《醒了!》《春之道》《满园春色自逍遥》《春归·生泽·无畏》《沉淀千年的春意》《繁华落尽,采撷芳华》《行走在春天里》。看到这些题目,是不是有思绪飞扬的感觉。《1919的春天》发生了什么事情,作者要给我们讲述一个怎样的故事?简单的一个偏正短语,暗含太多的悬念,让读者就想去看看1919的春天。《沉淀千年的春意》该是多么厚重深沉, 沉淀千年之后的迸发, 又该是多么地让人期待。《醒了!》言简义丰,不同的人、不同的心境赋予它不同的含义,醒了春回大地,还是醒了万物众生。《一城春生·半树春落》《繁华落尽,采撷芳华》该是怎样的经历才有如此深刻的领悟啊,孩子,我是该为你的深邃高兴,还是为你的过早看透世事而心疼呢？

读者看了这些典雅而有个性的文题有心疼心惜之感。而在初赛中大多数学生直接用材料中的"春的精神"，让读者产生视觉疲劳，看见题目就不待见你，你的语言文字要多么有震撼力才能入人眼球啊，看来"题好一半文"这个说法是实践出真知啊。

综观所有获奖作品，我发现吸引我的还是一幅幅图景式的画面，小作者们把生活中的慢镜头通过语言文字转化出来，让读者有身临其境的感觉。这些文字主要体现在以下几方面：

精心锤炼的词语。在这些优秀作品中，大多数学生选用的是具体、形象、内涵丰富的词语来写景状物、表情达意。尤其重视动词、形容词的锤炼。如：《1919的春天》里"风波顿起，愁色攀上外交官们的眉间。我的心脏狂跳不止，全身的血液沸腾滚烫，胸腔里回响着一声声鸣呼"。用"顿起""攀上""狂跳""沸腾滚烫"这些词语表达"我"当时的苦闷和愤怒以及在当时那种处境下复杂的情感。再如《一城春生·半树春落》里"抬头望去，一层新绿簇拥一层新绿往上伸展着、涌动着、延绵着，颇有遮天蔽日的架势"。"簇拥""伸展着、涌动着、延绵着"这些词语把路旁两排高大的香樟树郁郁葱葱的情态写出来了，也把我当时的心情间接表露了出来。再看《不负春意》中"当阳光皴破天际最后一隙微云的时候，一管纤毫的笔锋在纸间翩若惊鸿，将墨色丹青铺陈于天地，唤醒了蛰伏的生命"。且不说阳光若纤毫在纸间翩若惊鸿，一个"铺陈"、一个"唤醒"就把春天的觉醒与姿态表现得如痴如醉。灵动的文笔就有如此神奇的表达效果。

丰富多样的句式。这些作品中，大多小作者将长句短句、整句散句巧妙配合，营造文章的结构美、匀称美、音韵美。如："今日之少年，亦如春之勃发，舒枝展叶，以待盛夏。而春欲盛，必承冬之遗者，秉其韧，而启夏。""它横如远黛，撇如新叶。每一笔提按，都是山川的觉醒；每一笔轻重，都有萌动的欢欣。"这样的文字使文章绚丽生辉，读来令人荡气回肠。

巧用修辞手法。巧妙使用修辞可以化抽象为具体,变枯燥为生机,化腐朽为神奇。如:拟人的巧妙运用——"夕阳咬破彩霞的唇,天空露出一抹红晕,微风吹动回忆往事的心扉""春意悄悄地从墙角探出头来,嫩嫩的小芽露出一抹新绿,光秃秃的大树经历了一个冬天的磨难,又迸发出了几分生长的倔强",赋予了春人的情感与姿态,让我们看到了初春的小姑娘娇羞的模样。再看"听,那一声春雷始动,犹如一面战鼓,吓跑了死板的冬日,惊醒了大地,沉寂了一个冬季的蛰虫跃跃欲试,举起双手仿佛在迎接久违的无忧无虑,紧接着便是大规模向地面进军。再听,那沙沙的春雨无拘无束与大地对话着。鸟儿们也不甘示弱,趁春雨休憩时,肆无忌惮办起了演唱会",比喻和拟人修辞的完美融合,新奇、灵动、趣味横生。

获奖选手大多是写作高手,文字表达不但基本功好,而且善于调腔文气、文势,善于不拘一格的修辞,善于举重若轻、以一当十。他们的作文处处显示出内在的文采,语言或简明老到,或诗意浓郁,大多个性鲜明。

忆春之萌动,听天地万物生命拔节之声。

恰同学少年,看雅园才俊文采飞扬之势。

(作者系雅礼麓谷中学语文备课组长,雅礼教育集团语文名师工作室骨干)

写作教学中的语言升格训练策略

文 / 吴　斌

∨∨∨

　　本次集团作文比赛,大赛选手作品内容积极新颖,语言丰富灵动,选材具有生活时代气息。作品中既有万物生辉、盎然春意的作品,也不乏纯真童趣、富满想象力的佳作,还有畅想生命之歌、感慨抒怀的好文章。选手们既有对"春意"与"春的精神"的独到理解,又有与众不同的文字灵感。他们热爱用笔来记录丰富美好的生活,用自己心灵的词汇描述不一样的未来。

　　如果对参赛作品的分析视角放在语言表达层面,既能感受到集团中优秀学子生花妙笔的才情,也能从参赛的作品中感受到初中生作文语言表现力具有的共性问题。如:有的文章感情丰富却表意不尽,词语贫乏,或语言组织缺乏逻辑性,没有鲜明的个性与文采,缺乏表现力。古人云:言而无文,行而不远。因此,琢磨到最后发现又回到了写作的最基本层面,即语文教育的本体:语言表达。写作文时,想要出彩,就得提高加强语言表现力升格的训练,这样才可能出现佳作。基于这种普遍性问题,我们不妨从平时的教学中来让学生学习语言的运用。在初中的教学过程中,我们可以引导学生从语言体验与理解、积累和运用的角度来探讨作文语言升格训练策略。

一、语言升格需要有独特体验与理解

比如我们学习史铁生的《秋天的怀念》时，要引导学生去理解作者笔下母爱的伟大，不仅仅是无私的付出，而在于她给了"我"另一个全新的生命。正是她悄无声息的守望，用爱与生命守望着"我"生命的觉醒。这是史铁生所怀念的母亲，他所怀念的正是他生命秋天里的那次阵痛和新生，以及这新生背后一位母亲的背影，以及对这背影的无限歉疚和深深怀念。作者表达的不仅是关于"母爱"，更是关于"生命"，这里是史铁生独特的生命体验、思考和感悟，带有鲜明的个人色彩。只有了解了这些，我们才能明白写作的独特就在于个人对生活的独特体验与理解。

如作品集中的《欣赏春天》一文中写到欣赏"她"的坚忍不拔，在北国广袤无垠的戈壁滩上，黑云滚滚，黄沙漫天。朔方的寒冬化作阵阵狂风，咆哮着翻卷着，施展着它的余威，让人无法想象：哪里会有春天？但，就在这十分恶劣的天气里，春，已悄然生根，静待萌芽。远处的一排光秃秃的白杨，顽强地接受着风沙的洗礼，用根须紧紧抓住大地，于干瘦的躯干中酝酿着春意，只待天边的那一声惊雷；瑟瑟的朔风吹不尽漫天黄沙，春的消息似遥遥无期。但白杨树，依然怀抱坚定的信念，不为所动。终于，天边传来隆隆雷声，那无比雄厚的声响回荡着，驱散了寒风，带来了春意与北国难得一见的绵绵雨丝。白杨树沐浴在这甘霖中，飞速生长着，积蓄了一个冬天的力量喷涌而出，转瞬间，绿芽已布满了枝干，似一个个精灵飞舞着，点缀出生命的色彩。白杨，以其坚韧与忍耐笃定信念，铸就了生命的辉煌灿烂。春的精神，是坚忍不拔的品质，小作者对春的描写与绝大多数写春的如诗如画的美景具有不同之处，写出了个人对北国春意的独特体验与感受。

所以，具有了独特的体验和感悟，富有个性和深度的语言表达才有可能实现。人云亦云，有文无质，言之无物，缺失了个人的体验和感悟，这样的语言是贫乏空洞,索然无味的。

二、语言升格需要具备词语锤炼能力

如《春韵》"北边远处一个红闪,像把黑云掀开一块,露出大片血似的。风小了,可是利飕有劲,使人颤抖。又一个闪电,正在附近,白亮亮的,雨点紧跟着落下来,极硬地砸起许多尘土,土里微带着雨气。又一阵风,比以前更厉害,柳枝横着飞,尘土往四下里走,雨道往下落;风,土,雨,混在一处,连成一片,横着竖着都是灰茫茫,冷飕飕。一切的东西都被裹在里面,辨不清哪儿是树,哪儿是地,哪儿是云,四面八方一片混沌。就在这时,天空爆发出一声沉重的怒吼,顿时照亮了整个天空,彰显自己的威信与尊严,以最严厉的口吻呼唤万物苏醒,接着又归为宁静,四下里有无数生命正伺机潜伏着,在黑暗中谋划着春的蓝图,眼睛里透出五彩斑斓的未来",选用的词语"掀开""露出""砸起""横""混""联"各有特点,语言表达上具有连贯性与画面感,写出了春的生命力,给人深刻的印象。

又比如:明末张岱的《湖心亭看雪》一文中描写雪景的句子:"惟长堤一痕,湖心亭一点,与余舟一芥,舟中人两三粒而已",这"痕",这"点",这"芥",这"粒",准确传神,含蓄隽永,如一幅简约的画,一首梦幻般的诗,给人一种似有若无、依稀恍惚之感,把西湖雪景描绘得简洁生动。再如《水浒传》中,"那雪正下得紧",一个"紧"字,境界全出。考场上不可能让你有足够的时间进行仔细推敲,几易其稿,但只要平时练习时多锤炼词语,功夫到了,到了考场上用词才能准确传神,才能文思泉涌。

三、语言升格需要活用修辞与妙引诗词

在行文中使用一些修辞方法,也会使你的作文充满阳光,精彩灿烂。排比、对偶使句式整齐而充满气势,引用、仿词使语言厚重而富有才华,比喻、拟人使事物形象而充满灵性,本次集团作文语言表达上的一个最大特点就

是在写作中大量运用修辞手法。修辞手法,不仅可以使描写的事物生动形象,而且能鲜明地表现作者对所描写的事物的感情,使文章充满着人情之美。如:《春深柳笛奏》中写道"春天的深处,藏在柳笛响彻的山谷里;藏在鹧鸪鸣啼的山林里;藏在萤火流浪的静夜里。它藏在万事万物中,连同每个人心里的歌一起,藏在了我不可触及的柔软的地方",用拟人与排比手法来表现春的丰富内涵之美。又如:《小湾之春》"走入小湾,我看到的是盛开的玫瑰花海。仿佛吹来一阵风,就会翻起层层花浪。玫瑰的颜色各有不同,姿态各异。有的红如烈火,有的粉似夕霞,有的白若皑雪。它们都有拳头大小,像少女欣然绽开的笑容,窈窕的身姿傲立着。若那玫瑰花杆比作亭亭玉立的少女,那么花瓣绝对是它们的云裳,用手摸,这'云裳'像绫罗一般柔软。它们一个挤一个,生怕其他花抢了自己的风头,谁也不肯让谁,它们抱在一团,在风中手拉手摇晃",一组拟人与排比句,其中每个句子中又运用了比喻,把抽象的岁月比作具体可感的"少女""云裳",生动形象,为春日的生命增添了活力。

此外,本次参赛作品中许多作品中是把一些经典古诗词、警句、熟语等等,巧妙地引用到作文中,以致美景迭出,读来让人为之一振,怦然心动,不忍放下。写作中最常见的古诗词引用方式,有局部引用和全篇引用两种。局部引用,就是在文章的标题、题记、首段和尾段等局部位置引用古典诗文名句,容易引发读者的关注。如:《桃夭》中以黄庭坚的《诉衷情·小桃灼灼柳鬖鬖》开头,起笔不凡。小桃两字便引出春色,桃亦春矣,桃寓春矣,桃意春矣。先秦人云,《桃夭》,春亦已不是如此?以"桃之夭夭,灼灼其华""桃之夭夭,有蕡其实""桃之夭夭,其叶蓁蓁"为每段行文的首句,让人在"春意几何哉,不如一品桃夭"的回环反复,一唱三叹中感受春意之美。《春意妙语》归来也,风吹平野,一点香随马。悄然过,蝶弄枝头,几处含苞放。作为题记,贴切凝练,让人不禁感受到春来春往在诗意间流淌,富有诗情画意。《春意·诗也》中段落中的首句分别为 "绿杨烟外晓寒轻,红杏枝头春意闹""风回小院庭芜绿,柳眼春相续""长安白日照春空,绿杨结烟垂袅风"。《欣赏春天》引用秦观的《三月晦日偶题》语句"芳菲歇去何须恨,夏木阴阴正可人"来表现春的精神,是知足常乐的乐观豁达,更是活在当下的释然。文章恰到好处地旁征博引,将人生中唯有豁达面对得失起落,才能好好珍惜自己,不负大好春意的哲理思考和情感,传达得深刻而有底蕴,让文章拥有了较高的文化品位。

　　总之,我们在教学中让学生对生活有独特的体验和理解,这就为提升学生的写作语言提供了基础。在经典名篇中学习作者发现生活的独特视角和他们的审美趣味,以及价值的追求。在解决认知的问题的同时,训练学生词语锤炼能力与活用修辞,引用诗词佳句,在语言的训练中来来回回的过程积累沉淀、理解运用、内化输出。这样的语言训练是必要而重要的,它可以帮助我们更深入地理解语言运用的规律,久而久之,形成自己良好的语感,能够准确感知什么样的语言才具有表现力,该选择什么样的语言才能表达自己的情思。要针对自己语言表达上的不足,来提升训练的针对性和有效性,不断借助优秀作品的示范引领,从语言形式深刻理解语言内容,再从语言内容深切体验语言形式的运用策略,最终,促进写作语言表达能力的提升。

　　(作者系长沙市西雅中学党政办主任,雅礼教育集团语文名师工作室骨干,岳麓区卓越教师教学能手)

特等作品

张婧珂／孙雅歆
文 奕／唐源清
蔡津宜／宋浩然
石可汉／胡骏晨
王子轩／梁家瑜

TEDENGZUOPIN

1919 的春天

文 / 怀化市雅礼实验学校　　1701 班　　张婧珂

> > > >

这是 1919 年的巴黎。

世界大战刚刚落下帷幕。巴黎，历史长河中苏醒的花都啊，你是否真如诗者们所云，美丽又神秘？漫行河岸，凄美而浪漫的夜曲，是醉人的花藤，还是狡黠的银蛇？艺术之都，仍弥漫着战争后的硝烟。中国代表们在众盼下登上开赴巴黎的航船，巴黎和会。

"嘿，接到通知，原本定好给我们五个席位的，现在减至两席了！"

"什么？"

风波顿起，愁色攀上外交官们的眉间。我的心脏狂跳不止，全身的血液沸腾滚烫，胸腔里回响着一声声呜呼。

"顾维钧同志，你将作为第二位代表发言。"

我？又是一道响雷，但明亮而坚决，劈开我所有混沌的情愫，大脑飞速运转着，我应义无反顾地挑起此担，中国应该有一位大胆而睿智的诸葛亮站出来面向世界。

"明白！"中国会有一名大胆而睿智的诸葛亮站出来面向世界，在 1919 年的巴黎。

由象及道悟"春意"

路途不颠簸，得以空隙投窗观眺巴黎街道。灰黯或沉褐的雕纹，飘浮在建筑上，我想起京都恢宏的旧宫，明艳大方的红，琉璃般剔透的蓝，流动般，深深地镶嵌于中国的亭台楼阁，深深地刻进我的灵魂，不同于巴黎的建筑，中国的建筑美丽，奔放却不失得体，稳重却不失韵意。我的嘴里不断念叨着，无声地念叨着，我的五指在发抖，我的身体在打战。

中国，熬过了过去半个世纪所遭受的苦痛，现在，我们有机会谋求一种平等的、公平的待遇，我们有机会将山东捧托入祖国的怀抱。

昏暗，阴冷，明晃晃的金属反折微光爬向了我，已有他国代表到场，生冷的眼部轮廓翕动着，灰蓝或浅棕的眼珠微转，目光扫过我的面庞，双拳不自觉地紧捏。

山东问题，这是议事日程上唯一的问题，在此之前，日本已提出由其继承德国于山东的权益，这将是艰苦的一役。有人说，中国是弱国。我抬头，看到的不是穹顶，也不是天。我看到春日里的日光，颤巍巍地拂绕大地，这春天的光肯定不属于巴黎，巴黎是没有这般明亮的色彩。春天会跨越千里从中国踏向此地吗？我的双腿放置于巴黎的会议厅地面，却像踩在黄土上。

这是 1919 年 1 月 28 日的上午。

一步，我仿佛听见心脏在嘶鸣，又是一步，我好像感受到了心腔的进动，一步，我的血液在流转，我的血液是红色的，像中国的玛瑙瑰玉，像中国的锦缎丝绸。数对双眼正聚焦于我，聚焦于我黄色的皮肤上，我站立在讲位上，就像站立在东南亚的丘陵上，我的背脊挺直。

"尊敬的主席阁下及各位代表，我很高兴能在此发言。"

因为我代表着占全世界四分之一人口的中国。

"我承认。我国的确在 1915 年和 1918 年签订协议，许诺日本将得到德国在山东的权益。"洪亮明朗，掷地有声，我抬眼环扫过各国席位上的代表们。

"逼迫下的协议难道算是协议吗？那不过是换了一种形式的偷窃，换了一种形式的抢劫！"我继而望向日本代表席上的牧野男爵。

"中国是被迫的，因此中国不应该履行。"台下已有人哗叹。我眉头微蹙，捏起双拳，翻译员进行着翻译。山东在这个时候正在春光下生长着初花吧。

"有人说，中国是未出一兵一卒的战胜国。这是对最起码事实的否认。"我想象花草钻破冰层，出现在未融的末雪中，在中国。

"战争期间，我向协约国派遣华工就达 14 万人。他们同样在与所有军人一同流血，一同牺牲！他们当中有很多人来自山东省。"

我向前看去，抬头看去，看到了春天。

"14 万人，他们为了什么？他们为了什么？！他们就是为了能赢得战争，换回家乡故土的安宁！中国于战争中也在流血！山东省的人民于战争中也在牺牲！"台下代表们小声地交谈，有人窃笑，有人皱眉，我凝目展掌，抚平衣角上的每一寸皱褶。当第一只鲤鱼跳出水面，中国的春天是不是就会来了呢。澎湃的情绪下我难以平静。

"山东是中国文化的摇篮，中国的圣者孔子和孟子就诞生在这片土地上。孔子，孔子犹如西方的耶稣。山东是中国的，无论在任何方面上，中国都不能失去山东！就像西方不能失去耶路撒冷！"

有人说，弱国无外交。中国不是个弱国，倘若你见过中国山野的辽阔，天虹的壮丽，倘若你闻过中国春日盛开的繁花，触碰过中国冰雪初融的河流，倘若，倘若你读过中国的诗词，倘若你知道中国人为了自己的民族流淌过多少鲜血、多少苦汗，你就会知道，中国不是个弱国！怯于流血、怯于牺牲的国家，才是弱国！

如春雷般，掌声迭起，回荡于会议厅的每一个角落，山东啊，祖国啊，这春雷，你们听得见吗？一股洪流在我的心中崩翻开，我看见黄河有力苍劲的河干徐徐奔流在山东的大地上，山东的人民的皮肤永远是黄色的，他们的母语永远是汉语。

"因此，中国代表团深信，会议在讨论中国山东省问题时，会考虑到中国的主权和领土完整，否则亚洲将有无数灵魂哭泣，世界也不会得到安宁！"

"我的话说完了,谢谢。"

我在炽热的目光下走下讲位,步履坚定而又执着,此刻我无暇顾及各国代表的反应。

中国孕育着一种精神,无论积压在中国这片土地上的灰尘有多厚,覆盖在江河上的冰层有多坚硬,无论冬天的霜雪有多冷,无论接下来的路途有多坎坷,中国都会搏动着一颗顽韧的心,无畏牺牲,拉裂冰层,向着一个自由平等而富强的春天迈进!

走下讲位的我眼眶与胸腔一样没由来的热。我听见欢悦的鸟鸣。

这是 1919 的春天。

教师点评 1...

故事情节完整,依托历史事件,展开自己合理的想象和联想,将"春意"与祖国历史和前途命运相结合,找到其中共同的永不放弃的精神,给人留下深刻的印象。

教师点评 2...

作者对于春意的理解,已经跳脱出单纯的关于春天景色中发现春意。她的格局更大,视野更广,立意更深刻,上升到国家层面,春意是中国对独立自由平等的追求。作者以历史事件为素材进行文学创作,构思新颖,以第一人称视角以故事的形式向我们再现了 1919 年巴黎和会上中国代表力争中国主权的场景,描写细腻,叙述牵动读者的心,令人印象深刻,难以忘怀。

(指导老师:王智敏)

一城春生·半树春落

文 / 长沙市中雅培粹学校　　1805 班　孙雅歆

∨∨∨

　　清明小长假里，受大爷爷的嘱托，妈妈带着我一起送一本新修族谱到鸿天康逸养老院一位颇有年岁而德高望重的宗族老爷爷手中。

　　望城近郊下车，还要走三里多山路，一路上，春意正浓，扑鼻而来的芳香，让人心旷神怡。是李白的"燕草如碧丝，秦桑低绿枝"，是谢灵运的"喧鸟覆春洲，杂英满芳甸"，一路嬉闹着，跟着百度导航拐了几个弯，很快就到了小山丘上绿树环绕的鸿天康逸养老院正大门。

　　走进正大门又是一条向上延伸到几栋红瓦红墙房子的长长林荫路，路旁是两排高大的香樟树，树干都差不多两个人才能合抱粗细，似乎很生长些年头了，挺立着，像威严的守护者。抬头望去，一层新绿簇拥着一层新绿往上伸展着、涌动着、延绵着，颇有遮天蔽日的架势。奇怪的是地上却落了小厚一层或者深绿或者浅红的叶子，与一路过来田间垄头小路上满眼旺盛的春色很不和谐。"香樟树不是常绿乔木吗，为什么常绿乔木也会落叶？以前怎么从来没有发现过香樟树会落叶的，而且竟然还不是落在寒冷瑟缩的冬天，而是春暖花开的三月？"我向身边正逮着一位阿姨问路的妈妈嘀咕着。一阵风过，窸窸窣窣又有一层香樟叶飘坠地面，是的，飘坠的不是一片两片三片，而是一层。然而只顾着询问路的妈妈似乎没有听到，根本没有搭理我。

循着指引来到宗族老爷爷的房门前，门大开着，却没有人在。不得已又找到管理处管事的阿姨，说是在后院里乐呵着给大家讲故事嘞，那是老头子每天给院子里的大家伙儿例行的"乐活计"。老爷爷已经八十多岁，是一位早年经历了战乱的老号兵，大难不死过来而特别豁达开朗，还特别"爱吹牛"、爱讲故事，讲援朝战场上他如何吹响冲锋号和后面死里逃生，讲他们当时的军旅生活种种。爷爷讲得津津有味，旁边一圈人也听得津津有味。后面回房奉上家族族谱后妈妈问起老爷爷："为什么您不要求子女扶养，更多地享受儿孙绕膝的天伦之乐呢？您这样的战斗英雄，原该享受政府更多补贴和照顾。"爷爷乐呵呵地说："孩子们长大了，忙着过自己的人生，也用不着劳烦他们，我在养老院可以和这些年纪一般大的伙计互相照应，互相解解闷儿，挺好哩。我有点退休金，政府应该将这些补贴给那些真正需要它的人呢。"絮絮叨叨着，一阵风过，院子里又一阵经冬犹绿的香樟老叶簌簌落下，落在石桌上，落进泥土里。

老爷爷还给我和妈妈讲了这次他和大爷爷带领家族宗亲一起齐心协力重修家谱的大事。老爷爷骄傲地翻找到家族派语"以兹淳厚宅，衍作伍行传；忠孝绍先泽，诗书启后贤"，这句话就是他斟酌拟定的，叮咛子孙后代多读诗书识礼，能够忠孝传家。

"百花争芳春满园，香樟落叶护新芽。"我突然找到了来的路上疑惑不解的问题的答案：唯有推陈出新，半树春落，方得一城春生。

暮色渐起的时候，完成托付大任的我和妈妈感慨着离去。又见春深处万紫千红的花和香樟半树叶落处一层胜过一层饱绽生命绿意的新叶与新芽。

一城春生，半树春落，年华流转，如诗如歌。

　　小作者笔力不俗,通过一件小事将春意表达得淋漓尽致,很不错!但文章可以再修缮,题目可以前后颠倒一下!

　　本文标题新颖精致,语言优美,用词精巧,这源于小作者丰厚的文学积淀。小作者细心观察身边的事和物,善于从中抒发自己独特的思考和人生感悟。宗族老爷爷虽已年高但依然关照后代,重修族谱、修订家训勉励后代子孙知书识礼、忠孝传家,如那"香樟落叶护新芽"。文章情感真挚,立意深刻,卒章显志——"唯有推陈出新,半树春落,方得一城春生",景与情巧妙融合,余韵深长。

（指导老师：刘茂梅）

由象及道悟"春意"

不负春意

文 / 长沙市中雅培粹学校　1711 班　文　奕

当阳光皴破天际最后一隙微云的时候，一管纤毫的笔锋在纸间翩若惊鸿，将墨色丹青铺陈于天地，唤醒了蛰伏的生命。人们于此刻开始奔走相告，他们以那层出不迭的语言，汇聚成穿越千年的古老琼音——春。它横如远黛，撇如新叶。每一笔提按，都是山川的觉醒；每一笔轻重，都有萌动的欢欣。它是如此温润，如此清透，悠悠地溶解了光阴而又气定神闲，令人为其亘古久远的意蕴而如痴如醉。

我问何为春意，你言"人面桃花相映红"，言"自在娇莺恰恰啼"，似乎言春，便是人面桃花，便是莺啼翠柳，仿佛桃红柳绿即是春意的盎然。

我言，实则不然。涧关莺语，叶上初阳，雨恨云愁，江天一色，拂袖河川纵笔江川，何处无春意？

"春未老，风细柳斜斜。试上超然台上望，半壕春水一城花。烟雨暗千家。"暮春未至，登临高台，苏轼笔下的春水焕发着勃勃生机，流淌于迷离烟雨，穿插过万户千家，安然地守护着一座风细柳斜的小城，同它共沐风雨，又渐行渐远，静诉着如水的生命态度。

"卖花担上。买得一枝春欲放。泪染轻匀。犹带彤霞晓露痕。"易安词中的春花凝露艳香，忒煞情多，与其说它是春的使者，不如说它是清照娇嗔的见证。一生的韶华，当应在春天如花般绽放，去见证、去馈赠、去相许、去展现、去流露青春的真情，去演绎一场不负流年的起承转合。

"春江花朝秋月夜，往往取酒还独倾"。白居易眼中的春音不只有乐章，更有孤独的影子，浔阳送客，醉不成欢，忽闻弦鸣，唤出乐女，轻拢慢捻，嘈嘈切切，莫辞更弹，青衫尽湿。春夜的清音与江水一同奔涌，轻轻抚慰着天涯沦落之人的伤口，跌宕最后一重归宿。方知春意，不只有韶华。

"春风桃李花开日，秋雨梧桐叶落时"。唐明皇意中的春风是凤箫声断的一场泡影。爱妃已殁，山河不再。只留他一人，孑然一身，凋零在梦境里面。这不仅是春风，更是春殇，是命途多舛辜负流年的追悔。然而岁月定是这般无情，饶你多少英雄豪气，也禁不住时光流离的风吹雨打。那和煦的春风，正不动声色地描绘着如此残忍的易逝。

五千年的春意，不似桃红柳绿的单纯。它是心定如水不畏风雨的生命态度；是恣意展现燃情绽放的起承转合；是醉不成欢人生苦短的伤春悲秋；是彼时西厢凉酒残骸的韶华易逝。从春鼓春社到春耕春耤，从春雷春雨到春犁春种，由此乃至春怨春惜，春橱春闺，春残春殁，春尽春亡，无不葳蕤出风情万种，绝非春花春柳的一枝独秀。

春天，与其说是万象更新的四季开篇，莫如说是约定俗成的心灵图景。真实的春天，亦如真实的生命，它不只有诗酒年华，花间晚照，也有繁华散尽，风霜炎凉，唯有豁达面对得失起落，才能好好珍惜自己，不负大好春意。

　　小作者的文学素养很高,酷爱诗词,熟能成诵,并能灵活地运用于文章之中。小作者从苏轼、李清照的词里,从唐玄宗的诗里,品出春之百味,灵动的水、带露的花,既有对韶华的感慨,又有对流年的追悔,最后都集中落到"唯有豁达面对得失起落,才能好好珍惜自己,不负大好春意",水到渠成,主旨跃然纸上。

(指导老师:璩艳霞)

破冰而行的春

文 / 长沙市南雅中学　1712 班　唐源清

∨∨∨

冬天的步伐悄悄离开大地，轻柔地，无人知晓地。大地依旧是一片死寂——但她并没有真正地离去，而是耐心地等待着。

补课归来的我走在回家的路上，心不在焉地想着令人沮丧的分数，忽抬头瞥见那天间的一抹晚霞：太阳用最后的力量洒下半边碎金，缓缓落下，悠哉的白云陪着阳光。那光芒将我的影子拉得斜长，使我的背影变得和我眼中的晚霞一般令人惆怅与忧伤。望着那路旁花坛的一角，我想起这里曾种植过兰草，可这块土地现与我的心一样——一片荒凉。柳芽第一个发现痕迹——春，好像来了！于是它兴奋地生长着，却沮丧地发现——树皮上还有一层霜，根本不能抽芽。

紧接着的是兰草。它同样发现了这个令人振奋的消息，它尽力生长，却发现土壤中还混着冰粒，土表也还有一层薄薄的冰，不能生长。难道就没有办法了吗？它在黑暗中想道。结束了一天的课外学习，我累得瘫坐在回家的车上，心想："老师说我是遇到了一个瓶颈，可我感觉更像是一个盖上盖子的瓶，或是长到天花板上的盆景，怎样都无法更进一步。可开学在即，以这样的状况，我怎能应对入学考试呢？我摇摇头，试图将这些杂念抛之九霄云外。闭上眼，在汽车的颠簸中，反而掉入无尽的黑暗。

兰草忽然感到了一阵寒冷，心想：奇怪，刚暖和几天，怎么又变冷了？它喃喃地说："春天之前，最为寒冷。"

似乎到了最艰难的时候，我想。语文中的每一道题都各具形态，并非单一易解，但我牢记老师的话："掌握规律是关键。"每天补课并通过练习大量的题目以分析其中一丝一缕的联系，我渴望从中探出相同类型题目的规律；英语是我的弱项，不甘落后的我对此狠下功夫：补课，先是常规复习语法点，再做题——巩固要点，查漏补缺。记单词、背范文更是家常便饭。尽管数学物理基础尚可，但我仍不敢大意：上预科，重点理解知识点，随即练习。每天晚上我都得整理错题于错题本。困苦的学习如一道冰墙阻碍着我前进的道路，但我坚持着，相信努力与拼搏可以从中找到方向。

兰草醒了。它先是感受到了一阵温暖，一阵舒适。它不再满足于沉浸在黑暗之中，而是奋力向上方钻出，迎着头顶的碎冰，毫无畏惧地钻出。探出嫩嫩的小草尖，才看到这如花似锦的春：和煦的阳光普照着大地，轻柔的春风吹拂着树枝，鸟儿在枝头歌唱，桃花、李花、樱花、蔷薇花竞相绽放。

看到这花坛一角的兰草，这嫩芽，这春天里的一切，我领悟到春意就是：明知毫无可能，却依旧选择前行。或许，努力并不能改变结局，但这并不妨碍我们去奋斗去努力，就像坐着起身够一够天花板，这个过程也充满意义。人类最动情的时刻，不就是身处严冬，却心怀春天；依旧铆着一股劲，不惜破冰而行，与命运一战的时候吗？

源清同学这篇作文震撼人心。

一、内容充实,选寒假上补习班冲刺入学考试的经历,富有生活气息。二、构思精巧,采用由物及人的手法,破冰生长的兰草与遇到学习困境仍然想方设法突破学习困境的"我"非常契合,形象鲜明。三、由事而议、立意深刻。"看到这花坛一角的兰草,这嫩芽,这春天里的一切,我领悟到春意就是:明知毫无可能,却依旧选择前行。或许,努力并不能改变结局,但这并不妨碍我们去奋斗去努力,就像坐着起身够一够天花板,这个过程也充满意义。人类最动情的时刻,不就是身处严冬,却心怀春天;依旧铆着一股劲,不惜破冰而行,与命运一战的时候吗?"精辟的议论,让我看到他深邃的思想和高远的人生格调。四、用词洗练、语言准确、富有文采。

(指导老师:杨建辉)

覆一尺春光奔远方

文 / 长沙市雅境中学　1708 班　蔡津宜

∨∨
　∨

春华秋实,寒冬酷暑,日日夜夜都不同,却好像岁岁年年尽相似。我常常疑惑,为什么没有人厌倦,这四季的轮回往复,周而复始……

直到,我又一次遇见春天。

穿过凛冽的寒风,我伸出手去在渐渐化开的冰雪里捞春天。冬是厚重的,作为四季的结局,载满收获和遗憾。沉重的冬日里,我舍不得抛开旧日的不满足,束手束脚的,生怕一不小心,便跌碎了一年所得。我腾出手,摸索着去寻找什么,却在冬日里,触摸到彻骨的冰凉从指尖蜿蜒而上。直到,我捞起春天,融化的风斡旋在手中,呼吸渐暖,脸颊微烫,身体泡进热腾腾的水里,洗涤干净满身的尘埃污垢,重新站在渐渐苏醒的大地上。风一吹,似替我松动了筋骨,灌输了能量,突然那样热切地渴望去闯、去疯、去撞、去奋不顾身地一头扎进春天里,满面都是春睡眼惺忪又柔和的目光,满眼都是春缱绻又苍翠欲滴的清新,满怀都是春暖融融又软绵绵的气息。无论多久,无论何年,春天都是一次唤醒,一次盛满诗意,只要面向春来的地方,就有花从心底绽放的唤醒。

蹚淌过冰凉的溪水,我相逢缀满花叶的渡口,春意渡津而上。冬的坚硬寒冰被碾碎。春风轻撩,一寸一寸掀开春色,翠满叶梢,点点撕开这一树葳蕤，"唯有门前镜湖水，春风不改旧时波"；春水微漾，一波一波揉皱凉意，碧染清漪，丝丝嵌入这满地潇潇，"春水碧于天，画船听雨眠"；春雨渐润，一缕一缕绣上新花，漫雨坠地，袅袅舞出这万千旖旎，"帘外雨潺潺，春意阑珊"；春阳淡暖，一层一层重叠浓艳，曦光铺陈，悠悠照亮这青山远黛，"春阳潜沮洳，濯濯吐深秀"。薄汗渐渐透轻衣，春天，暖了人的身心；青草离离吹又生，枯荣，镌刻了春的往复。春是写意画，一笔皴墨，一笔留白，春放任所有生命叫嚣，喧闹、缓慢、激进都任由来去，为所有生命腾出落座之处，为所有的本真纯粹酿出一番春的微醺。无论多久，无论何年，春天都是一种安宁，一种予人归属，悠然自得又被细细安抚的安宁。

闯过失意的旧梦，我睁开眼去慢慢咀嚼春的清脆甘甜。草木的露华似珍珠，折射出刺痛眼眸的光芒，人们却偏偏要待到春雨过境，暖阳渐浓时，循着泥路攀折春日的馈赠。春笋冒尖，它是珍贵的宝藏，人们掘了它尘封土下的美味，搅和了新腌的腊肉，香味和炊烟腾空升起，正如春的旗帜扶摇而上，最后被熬煮得黄澄澄的美食，被人们的胃收藏，成了春又一个记号。春日的佳肴灌满了人们的活力，开始行走春天的小径，徜徉绿色的草地，踱步静谧的田野。我看见那么多人大笑，欢歌，张开双臂迎接春温柔的拥抱，却从未见过谁会裹着春风黯然神伤。我寻到同伴，都迫不及待解开枷锁般厚重的棉绒衣，抬脚便陷进清香的泥土，一面脏了足履，一面湿了裙角，一面又放纵恣肆地碰响满地的银铃声，我想起古时春天的蹴鞠，是否也同今时一般，遍地欢声笑语。无论多久，无论何年，春天都是一种力量，一种失而复得，只要紧紧攥在手中，就可以无视悲伤，放肆喜悦的力量。

冬是四季的累积，打磨去了活力，负起一年里漫长的失意、不甘，开始喘息和思索。而春是力量，是安宁，是旅途的驿站，是一场畅快淋漓的梦后，回望和展望的交替。也许每一年都有遗憾，每一岁都有后悔，所以有漫长的寒冬去平复，去酣睡，去将这一切换为苏醒的动力，春就是梦醒时分被所有美好塞给生命的机会，整装待发，充满希望，充满斗志，汇聚生命的激昂活力和无限憧惘,照亮了整个亮堂堂的春天。这是春的精神,所有的一切都能够归零,重新拥有一颗赤子之心,在相同的起点又一次出发,无所谓摔倒,不恐惧疼痛,拼命想得到未知的结果,抬头览山,低头寻月,不会有人愿在春的花香馥郁里放弃。无论多久,无论何年,春天都是一种精神,一种在惆怅迷惘过后,仍然可以重拾初心,背负更多的能量,再次撞进狂风里,乘风破浪的精神。

感谢,我还能够遇见春天。

我开始明白春的意义,明白它为什么随着四季更迭不厌其烦地出现在我的生命里。春又一次来提醒我,衔着春天走进风沙里,要不怕前路,不忘归途。

我知道不会有人厌倦四季周而复始。因为有春天,源源不断地送来力量,美好妥帖地给予慰勉,让世界又一次无畏、无惧、敢拼、怀抱初心地,迎向未来。

☕ **教师点评...**

孔子曾言:"言之无文,行而不远",文章要讲究文采,讲究美感,没有文采的文章就难以传播开来,好的文采不仅让人眼前一亮,更加体现了作者深厚的阅读底蕴和娴熟的文字功底。这篇文章语言充满魅力,文字隽永清新,在她的笔下春天就是一帧帧写意的水墨画,同时也不缺少色彩的绝佳点染。作者的动词的选择极其生动传神,几个简单的动词不仅展示了春天万物的活力,也展示了在万物复苏时节人的那种惬意与追寻。

在布局谋篇上,作者思维缜密,无论是整体的首尾呼应还是局部的总分,都是一气呵成,如行文流水般流畅自如,每一个章节与段落自成一体又时刻与文章的主题紧密相连。

(指导老师:肖娟)

醒了！

文／长沙市南雅中学　　1812 班　　宋浩然

∨∨∨

　　一颗沉睡的种子，以为自己的世界就在温暖暗沉的地下，不知道外面还别有洞天：光明、无限开阔，有自由的风和蝴蝶穿梭。但是见到外面新世界还需要等待——等待春天的到来！

　　阿然出生在冬天。上学早，和班上年龄最大的同学差了几乎两年。又因为是男生，到了初中，班上的男生女生都长成了大姑娘大小伙，阿然看起来还像个小孩，从外形到心理都有点懵懂。

　　阿然在生物课本上看到植物生长的图片。他想象春天来时一颗种子破土而出那一瞬间的感觉，啵的一声顶破头顶上那一小块土，"天地真大"，然后慢慢伸展枝叶，毫无阻碍，再伸直伸高，一点点探索舒展空间，春风拂面。又如同毛毛虫从茧里挣脱出来的那一瞬间，几乎是死里逃生，又有劫后余生的痛快；还像小鹰被老鹰妈妈推下悬崖快着陆的那一刻起，振翅高飞的感觉。种种。很神奇。

　　体会到这种感觉，是阿然在 12 岁那年某个晚上奶奶突然被 120 接走之后开始的。初一上学期的某天黄昏，阿然在书房学习，爷爷一如既往地在厨房做饭，奶奶在帮阿然准备洗澡的衣物。睡衣睡裤、短裤袜子，还有大浴巾。就在她弯腰的那一下，突然感觉天旋地转，四肢麻痹，呼吸困难。然后120车呜呜地来了。事发突然，所有人都很蒙，包括阿然。奶奶不是一直都很健康吗，忙碌乐观，怎么会突然病倒。从神经内科住院到中医科到心理科，直到最后才确定病症。

"奶奶生的什么病？"

"焦虑症。"

"什么是焦虑症？"

"……"

奶奶焦虑什么？什么时候开始得这个病的？阿然想不清楚。是从上初中后，奶奶一进书房他就找借口去厨房或找东西然后磨磨蹭蹭不见人影开始？是从一上餐桌他就只顾埋头扒饭夹几根离他最近的那碗菜对爷爷奶奶的叮咛心不在焉那时开始？还是从奶奶对学校发来的各种学习须知、考试结果、活动要求不得不频频打开手机看短信开始？抑或是其他与他无关的原因，比如奶奶有眩晕症家族遗传史，她毕竟已经是一位70岁的老人了，等等。

奶奶生病后，阿然的妈妈迅速做出了安排。她带着小宝来长沙和阿然一起生活，爷爷奶奶回老家休养。自从妈妈接管了阿然的生活，家中少了厨房里饭菜的飘香，衣物也没了方正的棱角，学习资料也不会自动出现在书桌上并画好重点，衣服的更换也经常跟不上季节变化。妈妈会叫阿然自己找衣服、洗碗或洗衣服，教他做简单的炒饭和炒面，让他带弟弟下楼踢足球，周日随他自个提着行李箱赶公交车。

一个周末的傍晚，阿然搬个小板凳在阳台上洗鞋子，像爷爷奶奶往常做的那样，往盆里放了温水，加了洗衣粉，然后等个十分钟。看着盆里泡着的白球鞋，阿然突然鼻子一酸，喉咙里咕噜泛上来一句"奶奶——"。他想起了一些事：把插好吸管的盒装牛奶塞进他的书包，做他最喜欢的辣椒炒肉，披着雨衣接他上下学，台灯下陪他听读英语……

阿然决定了：暑假一放假，第一件事就是回老家看奶奶。

阿然觉得自己的春天来得有点晚，原因是他原本是一盆温室里的植物，后来被移栽到户外，冬眠的时间有点长。但好在不晚。奶奶还在。等待着他自己慢慢苏醒奋力向上破土而出的那一刻。

教师点评...

文章里的阿然就是小作者自己。因为是自己的生活经历，所以写来特别动情。我见过孩子的爷爷奶奶，是亲切而又儒雅的两位老人，在孩子爸爸妈妈还在外地时，全身心地投入对孩子的教育生活里。孩子感受并感动着，写下来这篇文章给奶奶，更给懂得感恩努力成长的自己！

（指导老师：颜晓曦）

春之道

文 / 长沙市中雅培粹学校　1801 班　石可汉

∨∨
∨∨

　　己亥暮春,不觉谷雨已过,立夏将至。顾春之三月,愈有所感,作此篇,以抒己见。

　　予以为春之道在荣,在韧。春者,过寒霜而万象破缄,起凝土而众生出蛰。节物各新,而春最新;四季俱异,而春最异。

　　于春之时也,万象俱荣,各显其形。浅草生而土膏润,细雨落而冰皮解。春风拂去微含料峭不觉冬意,天雷涌集却带喧阗震世俱明。云青而不定,水澹而不湍。燕归而林间栖,蛙出而池边鸣。花开展瓣丛中,柳茂舒梢堤前。群蝶戏芳菲,耕者务农田。凡冬凝绝者,无不出茧而振翅;凡夏将盛者,无不俟时而蓄势。春何其华也!若冬之肃者,无如其蓬勃;若秋之静者,无如其喜气;若夏之炎者,无如其适从。而余等三季,皆重一景一色,非万物俱动焉。春之发,则山林为之所易,江河为之所明,走兽为之所起,天下为之所润。夫此景观者,真可谓荣也。何者?遍及众生而旷宏袤辽也。《易》曰:"大哉乾元,万物资始,乃统天。"其此之谓也。

　　然春为何荣?在其韧也。于冬末初春,大寒逝而立春至。阳气稍和,而余寒犹厉,乍暖还寒,故黄河尚不解冻,太行亦未化雪。若非韧力与恒心,安可破冰而荣哉！笋之伏于地也，非出不兴；芽之寄于梢也，非展不长。万物蛰暝，非觉不更替。而欲更替，必尽其所能而为之。由此观之，春之韧益可贵也。忍冰雪而生，耐寒霜而长，虽天下皆银装而裹，亦出点点碧草。飞雪覆之皆融，寒霜冻之皆消。而后莽原青青，杨花榆荚亦笑。

今日之少年，亦如春之勃发，舒枝展叶，以待盛夏。而春欲盛，必承冬之遗者，秉其韧，而启夏。故今吾侪，当承先烈之业，坚己心之志，而担天下之任。得志，尽显其才；不得志，坚韧不馁。曾子有言："士不可以不弘毅，任重而道远。"由此观之，欲令国富，则吾辈必如春之荣；欲令国强，则吾辈必如春之韧。其类春之道也。

故曰：春之道在荣，在韧。荣者，以其容万物、易生灵而荣；韧者，以其摒冬寒、脱冰霜而韧。嗟乎，春何博也，道亦灵奇矣哉！

教师点评...

可汉者，甚好古文，每作诗立文，人必奇之。盖其才受于天，然其能增于行也。《春之道》以春作文，层层铺进，另抒春意。春荣之景极言郁勃繁盛，无生僵之景地；春韧之理道尽坚忍顽强，无强附之意味。以春比少年，更显春之勃发，亦显少年之重：国兴，少年先兴；国强，少年先强。亦如春盛则其年盛，春旺则其年望尔。春道融景，入理，喻人，盖此篇之韵色耳，足显可汉之才思矣。

（指导老师：田冲凡）

行走在春天里

文 / 长沙市长雅中学　　1814 班　　胡骏晨

春日暖意融融,春雨润物无声,春风吹拂翠绿,芳菲四月,我回到了我的家乡。

行走在春天的田野里,新翻的泥土的气息扑面而来。路边杂草争先斗绿,河边翠竹亭亭玉立,还有三两棵高大的榆树也不甘示弱,欲与翠竹比苍葱。一行小燕子如一片片落叶,动作轻灵,落在五线谱般的电线杆上,像极了一首灵动的诗。田里浸满了水,草儿绿着,水儿清着,倒映着如宝石一样湛蓝的天。嘎、嘎……一群鸭子,迎面走来,昂起头颅,唱着歌。殊不知,这是它们维持不久的最后狂欢吧!

因为,田间的播种开始了……

我继续行走,看那田里站着的就是我的爷爷,卷起裤腿,赤脚,古铜色的皮肤,头戴金黄斗笠,辛勤劳作在田间。他一手环抱器皿,一手撒播有丁点芽的稻谷,动作娴熟,谷粒极听话地被均匀撒入平整的水田里,荡漾起微小的波纹后,稳落入土层。让站在一旁的我不由发出"哇"的赞叹声。爷爷哈哈大笑,轻轻一句:孩子,爷爷干了几十年的老本行,这是小菜一碟啊。春天的劳作还只是个劳动的开始呢。

放眼四望，像爷爷一样在播种的人真不少，夹杂着轰隆隆小柴油机在翻整土地的声音，好一幅生机勃勃的美丽画卷！

几天后的清晨，我在一片轻盈的娇鸣声中醒来，拉帘启窗，隐隐望见，爷爷播种劳作的那垄田里生发出一丝淡淡的嫩绿。禁不住内心的好奇，我一个箭步冲到田间，早几日发芽的稻谷，竟有如此惊人的变化，已经冒出有生机的鹅黄来了。再往远处看，水田里的绿意，一大片一大片能随处可见了。

我驻足田间，闭上眼，想象着：秋天时节，稻浪滚滚，微风袭来，吹来阵阵稻的香，人们脸上洋溢着丰收的喜悦，爽朗的笑声里，日复一日的艰辛已全然不见。

蓦然发觉，春何止是让万物拥有生机？春，更是让人振奋昂扬，起而行之的季节。行之，定将有秋的实压枝头。

离开家乡，整理行囊，我将春的精神轻揽入囊，芳菲岁月，不奋斗，不青春！

教师点评1...

　　小作者有一颗敏感的善于发现美的心灵，春之景、春之人都在小作者笔端肆意地流淌着，灵动的语言，细腻的描写，让人真切地感受了春之韵味、春之生气、春之精神。小作者行文酣畅，能层次井然地表达自己的思考与感悟，结尾画龙点睛、巧妙升华，给人以水到渠成之感！

由象及道悟"春意"

作者语言灵动,写景清新又灵动,田野间的春草、绿竹、榆树与燕子都充满春之生机;

选材以小见大,将视角聚焦在田间劳作的爷爷这一人物身上,自然又恰当;

结尾部分点题升华,画龙点睛。

（指导老师：蒋毅）

欣赏春天

文 / 长沙市南雅中学　1806 班　王子轩

> > >

　　春的第一声惊雷已响彻中原大地，唤醒沉睡的万物；朝阳冲破浓厚的云层在天边冉冉升起，为大地镀上一层金晖。桃红杏雨张开了眉眼，细抹胭脂；苍翠松竹挺立着身姿，生机盎然。在这万物灵动的时节，让我们踏着三月的阳光，聆听着春雷的回响，带着喜悦的心灵，去欣赏春天，去感受春的精神与灵魂。

　　欣赏春天，欣赏她的坚忍不拔。在北国广袤无垠的戈壁滩上，黑云滚滚，黄沙漫天。朔方的寒冬化作阵阵狂风，咆哮着翻卷着，施展着它的余威，让人无法想象：哪里会有春天？但，就在这十分恶劣的天气里，春，已悄然生根，静待萌芽。远处的一排光秃秃的白杨，顽强地接受着风沙的洗礼，用根须紧紧抓住大地，于干瘦的躯干中酝酿着春意，只待天边的那一声惊雷；瑟瑟的朔风吹不尽漫天黄沙，春的消息似遥遥无期。但白杨树，依然怀抱坚定的信念，不为所动。终于，天边传来隆隆雷声，那无比雄厚的声响回荡着，驱散了寒风，带来了春意与北国难得一见的绵绵雨丝。白杨树沐浴在这甘霖中，飞速生长着。积蓄了一个冬天的力量喷涌而出，转瞬间，绿芽已布满了枝干，似一个个精灵飞舞着，点缀出生命的色彩。白杨，以其坚韧与忍耐笃定信念，铸就了生命的辉煌灿烂。春的精神，是坚忍不拔的品质。

欣赏春天,欣赏她的活在当下。人们漫步于山间,被春的怒放所折服:满山遍野的映山红绽开灿烂的笑靥,火红的花朵将蔚蓝的天际染上血红,与那初生的朝阳一同为春着上最华丽的色彩。细细观赏,只见花瓣如一片金红的羽翼,上面蜿蜒着馥郁的紫纹。又似蝴蝶的双翅,在金色的阳光下熠熠生辉,像要展翅飞翔。花非花,蝶非蝶,是那样惹人怜惜! 和煦的春风微熏,花瓣飞落,倾泻一地芳华,俨然如一群闪动的、灵巧纷飞的蝴蝶仙子,惊艳了时光,温柔了岁月。空气中氤氲着旖旎的芬芳,遍地撒满金红的花瓣;见此情此景,何人不起怜惜情?"落红不是无情物,化作春泥更护花"。其实,大可不必为花朵的凋零而伤感,它们是活在了当下,以最美的姿态迎接最美的时光;待到花期一过,红消香断有谁怜? 对于春的离去,也无须过多地留恋与伤感,其实——"芳菲歇去何须恨,夏木阴阴正可人"。春的精神,是知足常乐的乐观豁达,更是活在当下的释然。

人生如四季,我们亦正处于那最美好的春天。恰同学少年,风华正茂,如初升的太阳,我们正以昂扬自信的精神面貌展现着青春的风采。春的精神,是坚毅,是顽强,是拼搏不止,是自强不息! 她不断激励着我们以"勤"为舟、奋发向上、积极进取。放眼今朝,中华民族正日益焕发勃勃生机,一派繁荣景象,春意正当时! 从个人之路到民族的发展,不变的是生生不息的春之精神。

"碧草如酥处,繁花锦上时",让我们和祖国一同绽放最美的春天!

教师点评...

本文以欣赏春天的态度,通过对北方白杨树和南方映山红的细致生动描写,托物言志,寄寓小作者的人生感悟:初春的坚忍不拔和仲春的知足常乐,进而衍生出青春少年积极向上的价值观,最后升华为对民族国家国泰民安的赞颂。构思层层递进,行文层次分明,主题鲜明而深刻,是本次作文大赛中诠释春天的一篇力作。

(指导教师:吴群超)

春花虽谢但留籽

文 / 怀化市雅礼实验学校　　1810 班　梁家瑜

∨ ∨
∨

人的生命固然会有个终点。那么我们勤奋奋斗的意义何
在呢？

——题记

黄昏独自走在公园的小径上。只有夕阳照映着我落寞的背影。漫无目的地在公园里游荡。不知怎的，想去看花。也许是想散散心吧，于是我迈着麻木的脚步走向了后山花林。

满心欢喜以为能欣赏到满目繁华。可眼前的景象，却让我大失所望：也曾怒放过的花朵，此时却都已经凋零枯萎。纸片似的花瓣皱成一团黏在光秃秃的枝条上。暮春的晚风把它们一片片刮下。风干的花瓣在空中飘飘摇摇，就好像濒死的蝴蝶，做着最后的挣扎。最终还是坠落泥浆中，与这片沉寂的土地相伴一起长眠。我不禁为这凋谢的花朵惋惜。它如此兀兀穷年地吸收着养分，好不容易开出艳丽的花儿，也只是短短一霎。最终还是零落成泥碾作尘。

恍然间，我不由得哀伤起来。这人不是一样的吗？如此勤勤恳恳，历

尽艰辛,最后默默无闻地逝去。即使有少数人,为后人所传颂,可最终陪伴他的也只有那一捧黄土和一卷史书啊! 如果是这样的话,那么人活一世,又何苦去勤劳奉献呢?

我心烦意乱,不愿再思考下去,一刻不停地向前走。突然眼前一亮,一个小男孩围着一株牵牛花。花亦是谢了。我不禁有些好奇,走上前一问:"小朋友,这牵牛花都已经凋谢了,你还在看些什么呢?"他转过头愣了一下,紧接着用手捧起几颗"小黑石",兴奋地对我说:"哥哥。这花虽然已经枯萎了,但是它还留下了种子啊!"他又喃喃自语地说:"把种子种到阳台上,来年春天开了花,爷爷会很高兴的。"我看痴了这灿烂的笑容,自然而然地拾起几粒种子,放在手心里翻来覆去地看。种子在阳光下熠熠生辉,看这乌黑发亮的种子,仿佛蕴含着无尽的生命力。

紧握着手中晶莹的种子,耳边回响着小男孩的话。我恍然大悟:是啊! 他说得对。这花虽然凋谢了,可是它还留下了种子。这伟大的无私的牵牛花,使人们在来年又能闻得到这花的芬芳,欣赏到这花的美丽。她的开放绝不是空虚无意义的,它给人们带来了快乐,即使它的生命终结了,但这种快乐不会消失。人不也是一样的吗? 伟人可贵的精神品质和他们用自己的勤劳智慧创造出来的价值,并不会随着他们的逝去而流失啊! 就好比雷锋,他那无私奉献、热心帮助他人的可贵品质,不正被我们学习着吗? 我豁然开朗。在得到了春天的启示后,我有了人生的目标和前进的动力。

来吧,让我们用聪慧的头脑和勤劳的双手。创造属于我们的价值,让社会和世界更加美好。培养优秀的精神品质,留下一颗别样的种子。趁着这大好春光,尽情奋斗拼搏吧! 春花虽谢但留籽,伟人虽逝精神存!

本文保持了你一贯的细腻含蓄的风格，以小见大，借花寓情，集中表达思考与感悟，中心突出，主题明确。内容充实、具体；故事情节完整，且写出了波澜，有合理的联想与想象。语言流畅优美、富有表现力，给人深刻的印象，情感表达富有感染力。结构完整、有特点，层次分明，结尾对主题的升华到位，但长存的不应只局限于"伟人精神"吧？应该如题记所言，每一位"勤劳奋斗"的人皆是如此。

暮春落花无处不在，本文却独辟蹊径，借花喻人，赋予了落花新的丰富的含义。作者通过一贯的细腻含蓄的笔调将自己的所见所感娓娓道来，巧妙地借用小男孩的话画龙点睛，将文章基调由最初的孤独落寞慢慢转向明丽昂扬，后半部分的感悟更是丰富深刻、引人入胜，全文自然流畅、优美灵动，以小见大，发人深省。

春花虽谢希望在，于细节处显精神！

（指导老师：张宇）

教学实践

课堂实录
教学反思

JIAOXUESHIJIAN

课堂实录：材料作文的审题与立意

文/金 路

∨∨∨

时　　间：2019 年 3 月 21 日

地　　点：中雅培粹学校二阶教室

执教者：金路

学　　生：中雅 2016 届 1613 班学生（初三）

一、情境导入

师：2008 年冬天，有一个小女孩，和她身高差不多（拍一女生的肩膀），走进了考研的考场。考什么呢，考英语！她看到了这样一幅图片（图片：两个人相互扶持，往前走。配文是：你一条腿，我一条腿，你我一起，走南闯北）看完了心里边儿特别高兴。她提笔就写：有一只青蛙如何如何。好，完了之后，她走出考场。结果是，她这次考研名落孙山，那个人是谁？那个人就是我。（生笑）我的老师送给了我四个字——重在参与。（生笑）你们觉得那年我考试犯了一个什么错误？

生：没有审题。

师：没有审题很严重的！我自我感觉英语水平比较高，但我把"你一条腿,我一条腿,你我一起,走南闯北"两行字儿完全忽视掉了,于是我的英语整个儿就筐掉了。好,请坐,今天我们就来解决一个问题,那就是审题。(PPT 显示课题:材料作文的审题与立意。)审题对于我们来讲呢,非常重要。

二、审题立意第一步——找话题

师:来,我们来看一道题目。请看大屏幕。当然,你的学案里也有。

师:我们看看(5)班一位同学,他的答案。有什么问题吗,宗源?

生:答案中"在我生活中实践祖训时,也要关心其他事件"跟材料没有什么关系。

师:材料里要我们做什么?

生:我认为的什么传家宝更有价值?

师:但这里答的是?

生:我实践祖训。我实践祖训要注意什么。

师:我可不可以把这种做法叫作:答非所问。我问的明明是什么样的传家宝更有价值? 但我们这位同学答的是在实践祖训的时候要关系其他事件。这个但,英文里是"but","but"后面是重点,而我们要回答的,与他不一样。所以他出现的问题是,没有找准这个题干,要我们讨论的这个话题。如果我们要进行一场有效的对话,一定要弄清对方抛的问题是什么,然后再回答。所以在中考作文中,找到作文要我们讨论的话题是很重要的点。我想问一下,宗源,你是怎么找到这个话题的?

生:看题目。

师:题目那么多内容,你为何单单挑出了它?

生:嗯,它这里有三句话。都提到传家宝,题目中又问的是,你认为什么样的传家宝更有价值。

师:这一句就是题干中的?

生：中心问题句。

师：对，找出它的中心关键句。（板书）来，我们再看一道非常熟悉的题目——长沙市2018年中考作文题。这道题，我们要探讨的话题是什么？题干要和我们交流的问题是啥？

生：写作文要不要说真话，抒真情？

师：找对了这个话题，我们写作就不会出错。我们班有位同学在上一周写这篇作文的时候，我流泪了。为什么呢？第一，我觉得他写得特别真诚真挚，但还有一个原因，我们材料中说写作文要说真话抒真情，但他写的是在生活中说真话，抒真情。你知道我流泪的另一层原因了吗？

生：因为他没有审对题。

师：没审对题。我好想给他一个高分，但是我最后给了他38分。尚晋是不是？

生：是的。

师：以后咱不这样了。写作文的时候一定要找准话题。我们要让咱们与材料的聊天能聊下去，而不是尬聊。

三、审题立意第二步——析观点

师：回到刚刚的这道题目，我们一起把黑色字部分齐读一遍。

生：你认为什么样的传家宝更有价值？请综合材料和含义作文，体现你的思考、权衡和选择。

师：要我们干吗？

生：要我们选择什么样的传家宝更有价值。

师：有哪些传家宝呢？

生：青花罐，勋章，还有就是祖训。

师：这三个我们要做出思考、权衡和选择。我们选择的是什么，权衡的是什么？

由象及道悟"春意"

生：权衡哪一个更有价值。

师：哪一个字很关键？

生：价值。

生：更。

师：哪一个更有价值。来，我们一起探讨这个问题。1、2、3组分别代表三种选择：第一组，青花罐；第二组，勋章；第三组，家训。每一组都要给出理由，并说服其他组。我还有一个要求，站起来的同学要说三句话，三句话要体现层层递进式的思路，给大家5分钟。

师：时间到。第一组青花罐，谁来发表观点。把话筒递给他。

生（雨欣）：第一句话，青花罐本身就有很高的艺术价值，以及家庭的温暖与甜美。第二句话，年头和故事体现了当年这个物品，这个青花罐在情感上带给这个家庭的共鸣。第三句话，青花罐带来的家庭文化内涵，应该说家庭很有底蕴。

（掌声）

师：我按照她的话，写了三点，我们班上鼓掌的原因是？

生：客套一下。

师：哈哈，客套。来，咱们看看这三句话逻辑上有没有问题。我们说到了要层层递进……

生（可馨）：可以突出一个点，艺术啊，我觉得还蛮高的，应该把美丽什么放在第一个。这个艺术可以拔得很高的，可以从中国传统文化上升到物质文化遗产。心灵共鸣的话，是一个比较个人的东西，每个人对它都会有不同的看法，有年头有故事嘛，可能是不同的人有不同的故事，比如说由爷爷留下来的，就有爷爷的故事，到孙子手上，又有不一样的故事，每个人说都会有不一样的感觉，每个人得到的心理共鸣也是不一样的，从而形成了青花瓷对于家族的意义。

师：所以，应该是由个人到家庭，再到艺术，艺术是更高层次的。这里的顺序稍微调整一下。心理共鸣是个人层面,家庭底蕴是第二层,艺术价值是第三层。雨欣,你同意吗?

生:同意。

(笑)

师:第二组。

生(修齐):首先勋章代表着荣誉或功勋,第一层含义还有,给家庭带来了荣耀,就是光宗耀祖的意思。第二层的意思就是给国家带来了正能量,因为可以作为一个典型的例子。

师:带给国家正能量,这个正能量又被物化了,所以这是国家层面的。(板书)

生:第三个我想和其他组进行比较,青花罐是一个古物,是一个文物,所以它只是物质层面的价值,而且你说它有年头有故事,故事是死的,不能激发出活力,祖训是一个空泛的东西,就是进行劝导,它的实际意义不是很强。

师:那你的勋章哪里不一样? 第三层是……

生:我是比较。

师:你比较要突出你的勋章的什么特点?

生:要把爷爷的荣誉作为我们的榜样。

师:后面的同学想要补充,我们听听他们的。

生:我的和田修齐的不一样,我感觉第一层是勋章物质的价值。它可能是一块金子什么的。第二层是一种荣誉,对爷爷当时做的事情的一种表彰,值得我们去学习。

师:勋章里承载着某一个人的故事。

生:第三层是有精神方面的,就是像爷爷当时的精神,比如说,承担责任,担当啊,对国家的一种奉献啊,应该是弘扬和发扬这种精神。

师:为什么是对国家啊? 哪个字?

由象及道悟"春意"　　　　　　　　　　　134

生:勋章,勋。

师:组个词?

生:功勋。

师:对谁的?

生:对国家,对社会。

师:从物质到个人故事,到精神弘扬。(板书)来,第三组——祖训。

生:祖训,第一个是对过去的事的一个总结。

师:经历的总结。

生:第二个就是对现在的这个家庭的影响。

师:总结了以前的经历,又促进了现代人的成长。

生:第三个就是它的精神是值得我们学习的。

师:精神的传承。

师:现在我们自由发言,为各自的团队的选择补充理由。来,柳娟。

生:他是说要寻找更有价值的。青花罐有价值,我不否认。青花罐是属于物质方面的传承,祖训是一个比较空泛的东西,是精神方面的鼓励,但勋章是爷爷的实践,是给后辈树立的榜样,所以后辈可以朝着爷爷努力的方向去努力,得到发现,也有精神方面的鼓励。勋章是物质与精神共存的,所以勋章更有价值。

师:鼓掌,你们都被说服了吗?来,卓远。

生:我觉得青花瓷寄托着前人对后人的期望和寄愿,青花罐,这个艺术代表着中国的传统艺术文化,这是浓缩了中国两千多年来的艺术造诣。其次,它也是世界的一种瑰宝,一种物质文化遗产。青花罐能够见证历史发展的意义,所以它比勋章和祖训更有价值。

师:咏元?有话说。

生:关于这个问题,我还是觉得祖训更有价值。从这句话来看,它是总结了一生的经验而凝结成的一句话,这句话一定是涵盖了很多方面的感悟,所以它比家族涵盖的东西更多。再一个的话,它是一句话,精神层面的,而其他两个,是要看到那个东西才能有所感悟的,但是一句话,就是刻在脑海里,可以直接回想起的东西,比较容易警醒他人,而且,它是一句话,更容易被传承。

师:所以我总结一下,前两个不是特别容易传承,青花罐可能会碎,勋章也容易丢,但祖训作为一种精神,它不会丢。是这个意思吧?

生:有点儿。

师:好,请坐。

生:家训,作为一句话,如果你不想记住这句话,也没办法传承。假设,这个勋章被弄丢了,只要记得这个勋章,我觉得就有价值。比如说:爷爷的孙子谈起这个话的时候,就会说,爷爷啊,曾经对国家有贡献拥有一个勋章,后人就会想起爷爷的爷爷对国家有贡献。

师:所以,它精神的东西不会被丢失。我看到有很多同学举手,现在给大家一个小小的要求啊,每一组一个人,总结陈词,说清楚三句话,说服其他组,每一组一个机会。最后的总结,控制好时间。

生:我要提出一个问题,当我们获得勋章的时候,其他两个是比不上的,古时候,有爵位什么的,和勋章很像,有爵位的人,可能家里就有青花罐,因为他可能有财富,有很多古玩字画,包括什么:万里觅封侯,代表了古人的一种价值观吧,没听说过万里觅花罐,包括祖训,它是精神层面的,它不会掉,但是勋章可能会丢,但如果后人有心的话,背后的精神是会被铭记的,当你拥有了青花罐的时候,你的精神也优于其他两个。包括古人的论证,这也体现了家训更有价值。

师:旁征博引!最后的陈词。

生:他们都说祖训是空泛的,但是不是?祖训是很多的先辈一代一代流传下来,总结的经验和智慧。我认为,当看到这条祖训的时候,你就是在和你的祖先对话,也是有一种心灵共鸣和价值底蕴的。当你在遇到困难的时

由象及道悟"春意"

候,看到家训,就会感觉到是许多先辈对你的支持,你就会更好地约束自己。然后我觉得,祖训是从古至今的一个传承,当然,它也会传承下去,它会适应这个时代的发展,经久不衰,历久弥新。

师:它有一个渐变的过程,家训可能在每一个时代里边会有新的阐释与阐发,于是它闪耀出了更加永恒的魅力。

生:首先,我认为,竣文说的这个爵位是不能传承的,就像明朝的爵位不能传承到清朝、新中国。但是,青花罐可以从唐代一直传承到现在,这是青花罐的历史魅力。然后,青花罐在历史的沉淀下,可以有更多的精神价值和意义。祖训是传播这个时代的价值,但是青花罐反映了各个历史时期的价值。

师:青花罐里有太多的故事,有祖辈的故事,它承载着我们整个家族的故事,有了故事就有了情感,有了情感,可能,就有了更多的东西。同学们,我们刚刚在干吗?

生:辩谁更有价值。

师:怎么辩的?

生:对比,不同层次。

师:对比,什么对比。

生:三样传家宝的对比。

师:刚刚有同学在对比它们的相同点和不同点。刚刚我们在进行一种思维,这个思维方式叫什么?

生:辩证。

师:我们在求什么?

生:求同存异。

师:或者说"求同比异",在这样的一个过程当中,我们越辩越明。古希腊哲学家亚里士多德他们就在辩中,辩出了大哲学家。孔子带着他的弟子一路辩下去,于是"辩"出了中国的哲学。这就是"辩"的重要性。这也是我们今天审题立意的第二步。我们一起总结一下。

生：辩证思维。

师：看，三个字。

生：辩观点。

师：或者说"析观点"。析观点的方法有很多种哦，我们刚刚用到的最主要的方法是——求同比异法。当然还有很多种方法。我们辩得很深刻。

四、审题立意第三步——择情思

师：但这些观点都是材料的观点，材料的，你呢？你的观点呢？你们家是什么传家宝？你们家什么样的传家宝更有价值？你的生活中又是怎么样的呢？你们怎么看？我举一个小小的例子，我们家也有一个传家宝，这个传家宝是什么呢？是一只箱子。是我外婆的妈妈留给我外婆的。我外婆所经历的那个年代是抗日战争时期，能够有一个皮箱是特别不容易的事情，它是很昂贵，很珍贵的。然后呢，到了我外婆这一辈，外婆生了九个孩子，我妈妈排行老八，最小的一个女儿。我的外婆呢就将这个箱子留给了我的妈妈，我妈妈又把这个箱子留给了我。在 1989 年 6 月 17 日这一天，就是我出生的这一天，外婆把这只箱子送给了妈妈，这个箱子上面写的时间就是我出生的时间，精确到了秒。我觉得这就是我们家的传家宝。这个传家宝里有感情，有一代又一代母亲给自己孩子的深情。同学们，你们的呢？思考一分钟，我想听听你们的回答。

一分钟……

师：找我们班上笑得最灿烂的孩子来回答。

生：我认为那种情感更有价值。

师：情感更有价值。你更倾向于哪一种？咱们一起来看题目。你认为什么样的传家宝更有价值。什么样的？跟它们有关联度的哦。像青花罐一样的？像勋章一样的？或者说像家训一样的？好，请坐。

生(沐沁)：我们家的传家宝是一个木刨子，木匠用来刨木头的工具，我外公一家人，都是做木工的，很有传承的意义。它是我外公为了养家用的一个工具，是他养家糊口的工具。这是一个表层意思吧。这里还有一个深层的意义，一个父亲对他孩子的爱和关心，希望给他们一个更好的生活；其中还有一种木匠的精神，对自己手艺和工作的追求，完美的追求。

师：你的这个木刨子，就类似这个"勋章"，这个勋章可能不是社会层面的，作为一个平凡的人，这是属于我们自己的荣耀。还有吗？书瀚。

生：其实，那天我们班的同学都看到了，那天我被接回家，我是我们家的长房长孙，我们家有一个非常大的瓷碗，如果你拿到了那个碗，就意味着比你大三辈的人走了，所以代表了我们家以孝文化治家的精神，然后这个瓷碗上面有上一辈的人写的话，一代一代，传承了我们家很多的东西。

师：你想要表达的主题是什么？亲爱的。

生：我觉得就是像青花罐那样。

师：它里边承载的东西是……

生：它里边承载的东西是上一代对下一代的期望。

师：真羡慕你有这样的传家宝。同学们，刚刚我们又在干吗？

生：联系实际。

师：生活关联（板书），当我们通过发散的思维进行辩论，让我们的思想更加有广度和深度的时候，我们还要想想这些东西之于我们有怎样的价值，我们把这一步叫作：

生：举例子。

师：举例子，就是我们选择谁来写？书瀚选择了他要表达的情感。

生：观点。

师：对，你说的观点，观点其实就是思考。情感、思考，这就是择情思。这就是我们审题的三个步骤。（完善板书：阶梯状：找话题—析观点—择情思）

在析观点的时候,我们发散自己的思维,在择情思的时候,我们聚拢自己的思维,于是我们的写作,我们的文章,就有了属于自己,个人的情感,这样我们的作文才能,小而言之,在我们的考试中展翅飞翔,同时也能让我们反观生活,让我们在生活中肆意翱翔。这是我要在今天给你们的传家宝。

五、审题立意拓展训练

师:这是一个思维的方式,可能有一点难,但我们用这样的方式思考,用这样的方式辩论,就会越辩越明。我们来做一道小小的练习。

屏幕展示练习题(5分钟的审题立意):

师:找一位同学来展示自己的立意。舒曼。

生:我的立意是:父母教育孩子既要批评也要表扬。根据这段话来看,是分了两部分的:一是,对孩子要多鼓励才能发扬优点。一是,多批评可以帮助孩子,改掉自己的缺点。这两个观点各有弊处,表扬多了确实可以发扬优点,但是如果过度地表扬,会使孩子自负,在人生道路上遇到一点小小的事情就会有挫折感和挫败感;但如果过度地批评的话,会使这个孩子自卑,然后在生活中就不会特别外向,对孩子的影响很大。

师:你适合哪一种,看以后咱们怎么教育你,哈哈。

生:放养吧。

师:放养就是兼顾两种……

生:其实我觉得吧,父母在孩子的生活中是要起到规范和警醒的作用,当孩子遇到挫折的时候,当孩子特别有挫败感的时候,就要想办法多表扬他,多说优点,让他的自信心建构起来。第二个,就是在孩子骄傲的时候,他做事情做得没有准则、过度的时候,就需要批评,让他回到正常的轨道上去。

师:很好,请坐。我发现你很聪明。第一,你马上就能用到一种方法,就是求同比异,表扬和批评各有各的好。而且你用到了一个,我们都没有用到的方法,我把它叫作分层概括法,你分了类别,这是一种很好的思维。我还想再听一位。来,宗源。

生:我的立意是既要有批评也要有表扬,但以表扬为主。

师:你认为以鼓励为主,和她的观点不一样。

生:我认为当孩子在遭遇挫折,困难的时候,如果犯的是一般的错误,不要批评他;如果是违背了原则,或者在人生的选择上发生错误,这时候严厉的批评可以让他警醒,去做一个正直的人。

师:我觉得你的话里面有好多故事哦,你每讲一个点,我的脑海里都会浮现这个学期以来我们之间发生的很多事情,是不是很多的画面、故事在你的"辩"中又浮现在你的脑海。这个方法就是生活关联法。谢谢你,请坐。

师:我特别想改一个字,我们刚刚说到了展示我们"个人"的情感,我觉得我的表述不好,因为我刚刚听到的不是我们班上同学个人的情感,而是个性的表达。有对别人观点的审视,也有对自己人生的思考,我希望你们能够带着这样的思维、这样的生活方式来面对我们中考作文的审题立意,面对中考的任何一门科目,面对人生中的各种各样的考试。好,今天的课就上到这里,谢谢同学们。

(作者系中雅培粹学校语文教研组长,雅礼教育集团语文名师工作室骨干)

教学反思：中考材料作文教学

——由执教《材料作文的审题立意》谈起

文 / 金　路

∨∨∨

　　2018 年，材料作文题再现湖南长沙中考语文江湖。学生们一脸无奈，教师们貌似镇定自若，可依旧难掩心中焦虑。难！但再难我们也必须攻克。

一、把脉真实的写作现状

　　我们在没有给学生任何提示的情况下，让他们尝试写作 2018 年中考作文真题。

　　一群同学在讨论"写作要不要说真话，抒真情"的问题，一位同学说："写作应该说真话，抒真情，因为这样写出的文章才能真正打动人。"另一位同学说："可我们的经历太简单，从学校到家庭，两点一线，如果总是说真话抒真情，就有可能千篇一律，写不出新意。"还有一位同学说："我写作的时候就经常虚构，虚构出来的文章，有时候得分也蛮高的。"

　　对这个问题，你有怎样的体会或思考？请自选角度，写一篇文章。

（2018 年长沙中考作文真题）

批阅后发现,在审题立意上,将近一半的孩子出现了问题。主要表现在以下三个方面:第一,答非所问。题干问及的是写作文要不要说真话抒真情,但却谈及诚信问题、与人交流中要说真话抒真情。第二,观点错误。如:写作文可以不说真话不抒真情。第三,立意较浅。要说真话抒真情,但原因仅止于可以得到老师的认可或者高分。

于是我们选择把《材料作文的审题立意》一课作为我们试图构建材料作文教学生态的起点。

二、探寻"感性"背后的逻辑

我想,我们需要行之有效的审题立意的路径,而非朦胧的范文示例,无章可循的参透顿悟。于是,拿现有的能找到的所有情景化材料作文题进行审题立意路径的推敲是我的首要任务。

通过研究,我们探索出"找话题—析观点—择情思"的审题路径。找话题是针对学生答非所问的问题。析观点和择情思是针对观点错误和立意浅的问题。

所谓"找话题",即找到命题者想我们探讨的话题,它通常以问句的形式出现在材料后面。如:(2018年长沙中考语文真题)对这个问题,你有怎样的体会或思考?讨论的话题就是"写作文要不要说真话抒真情"。明确话题,便减少了答非所问的概率。

所谓"析观点",即通过材料阅读,提炼并分析材料中的相关观点。如:2018年长沙中考语文真题材料中有三个观点:第一,写作文要说真话抒真情。第二,因为生活两点一线,所以写作文没办法次次都说真话抒真情。第三,写作文可以虚构。这三个观点,一和三都是成立的,二从逻辑上看是一个伪命题。(每个人的生活都是两点一线,但每个人的生活都是不一样的,这就决定了写作的素材不可能千篇一律)

所谓"择情思",即关联自己的生活,选择正确的、有深度的、符合题意的且自己能阐明的观点作为文章的立意。如：写作文要说真话抒真情，因为它可以帮我们记录下生活中的美，因为这样的写作具有治愈功能。

审题立意三步走的逻辑，清晰可行。于此课前准备到位。

三、交与学生的活力课堂

课堂不应该是教师展现自己研究成果的地方，他应该试着带领学生走上探索之路。有了前面的研究，我将教学环节分为两大板块：第一板块，总结审题立意的基本路径方法。第二板块，学以致用。作文题如下：

几个同学聚在一起谈论传家宝。小张说，他家的传家宝是一个青花罐，有年头有故事。小杜说，他家的传家宝是爷爷留下的几枚勋章。小程说，她家把"忠厚传家久，读书继世长"的祖训当作传家宝。

你认为什么样的传家宝更有价值？请综合材料内容及含义作文，体现你的思考、权衡与选择。

要求选好角度，确定立意，明确文体，自拟标题；不要套作，不得抄袭。

第一板块中，首先，通过错误立意的原因探讨，明确"找话题"是审题立意的第一步。其次，将枯燥的材料逐句分析，变为生动活泼的小组辩论。青花罐、勋章和家训究竟谁才是更有价值的传家宝呢？三个组分别为三样传家宝代言，使用三句话阐述观点，三句话体现递进的逻辑。学生在辩论中学会求同比异，发散思维，完成审题立意的第二步。最后，关联生活，举例并阐释自己对于传家宝的选择。教师示范，学生解读自己的立意。此处训练的是聚焦思维能力。每一个教学环节的演进都照应审题立意的步骤，并由学生归纳审题立意的路径方法，转教师讲述为学生互助习得，变被动式学习为主动式探索，把课堂完全交给学生，彰显学生的活力。

第二板块中，是训练学生的知识技能迁移能力。课上另做一题，达到强化训练的目的。

四、漫长的作文教学生态建构

此次课要特别感谢雅礼语文名师工作室核心成员的帮助,让我清晰地看到了逻辑思维能力训练在作文中的重要作用。我的课堂还有很多的问题,诸如对学生的引导、课堂节奏等,这里不赘述。但有以下三点值得我去重点关注。

首先,每一道题的分析方法可能不尽相同,有要素引导法、分层概括法、关键词引法、中心句引法、生活关联法、求同存异法、对立思维法、立破相映法、由果溯因法、三问追溯法。而此课涉及的方法并不多。如果要让学生的作文训练更为扎实,我们必须建构一套思维训练体系。这条路漫长而艰辛。

其次,知道教什么后,如何教的问题又摆在了我们的面前。今天,我们用辩论的方式、画出思维导图的方式激发着学生的活力,调动学生的参与。其他更多更好的形式如何服务于我们的教学内容,需要我们继续探索。

最后,在"择情思"的部分,学生必定要关联生活,这需要我们从小训练起,培养孩子们记录生活的点滴、发现生活美的能力。否则,缺少生活支撑的口号式立意最终只会让文章成为华而不实的空洞之作。这道题,如何解?

作文教学的生态建构,远远不止于几堂作文课。

未来之路,任重而道远。

（作者系中雅培粹学校语文教研组长,雅礼教育集团语文名师工作室骨干）

课堂实录：巧择素材立意明

——写好自己的故事

文 / 曾素云

∨∨
∨

授课时间：2019 年 10 月 24 日下午

授课地点：长沙市南雅中学体育馆报告厅

执 教 者：曾素云

学　　　生：长沙市南雅中学初三 1713 班

课前准备：

孩子们准备好了吗？请你们回答问题时把话筒相互传递一下。

人有三宝：精气神，大家坐正啦！（因为南雅体育馆报告厅的座位都是有些后倾，孩子们易陷于其中，只能露出脑袋。）

一、出示课题：巧择素材立意明——写好自己的故事

二、抢沙发聊电影：

师：国庆期间我布置大家看了电影《我和我的祖国》。新中国成立 70 周年，祖国波澜壮阔，风起云涌的事件不知有多少，导演和编剧只选取了其中七个故事。这七个故事名字谁记得？

王晨：第一个是《前夜》，讲的是新中国成立前夕升旗如何锻造那个珠

子;第二个是《相遇》;第三个是《夺冠》;第四个是《回归》;第五个是《北京，你好》;第六个是《白昼流星》;第七个是《护航》。

师:挺好! 你看完电影就能复述其中的情节,能有所获! 而且第一个故事,你的情节复述很具体。不过你只要说出名称即可。(课件显示七个故事名称)

师:这七个故事反映新中国70周年的发展,在选材上有什么特色吗? 我要求你们预习这七个故事的素材,你们看了印发的素材吗? 谁有感想?

一惟:我觉得选材,并没有选择国家大事,而是从生活中的小事出发。

师:应该是并没有选择大英雄大领导,而是选取国家大事件中平凡的小人物,这是从选材的视角考虑的。还有同学对电影的选材有什么说法吗?

晓云:按照时间的先后顺序。

师:对,从新中国成立的1949年一直到2016年。七个故事在不同的时间不同的地点,譬如《前夜》的故事地点在北京,《回归》呢——在香港;《白昼流星》在内蒙古。故事是真的不分南北,无问西东,选择了祖国大江南北,不同时间不同空间的故事。

师:同学们对于电影的选材还有什么看法吗? 需要交流吗? 学生沉默。

师:其实刚才一惟说得很好,电影注意选取平凡生活中的小人物素材,如冬冬住在上海典型的弄堂里,街坊大爷大妈们嚷着要看晚上女排决赛,冬冬只得爬上屋顶,扶住摇摇晃晃的天线,体现上海市民的爱国热忱;香港警员莲姐和钟表匠华哥,为保证零点零分准时交接而努力,体现上海市民的爱国热忱,通过小人物小事件表现爱国这个大主题。

师:老师还有一个疑问,电影选择的这些事件,是想完成就可以完成的吗? 想回归香港就可以回归了吗? 想夺冠就夺冠了吗?

学生摇头但没有说话。

师:外交官安文彬为了保证零点零刻香港的准时交接,经过了十六轮磋商,这其中经历了多少的波折、障碍、矛盾。选的素材都是经历了一些障碍的,这是我们刚才从电影里面发现的。这也是我们在记叙文里面经常会用到的方法:以小见大。

师:总结一下,我们从电影里面学习的选材思维:意义、时空、障碍、视角。请齐读一遍(出示幻灯片)。我们知道,作者选的材料要么是从意义、要么是从时空、要么是从障碍、要么是从视角方面打动作者,于是也打动了你。

电影如此,我们的课本选材也有这样的特色吗?我希望我们的写作思维数学化,运用逆推思维。你们讨论一下,《从百草园到三味书屋》,你回忆哪些素材立马能打动你。可以同伴两两交流。

奕瑄:不必说碧绿的菜畦,光滑的石井栏,高大的皂荚树,紫红的桑椹。也不必说鸣蝉在树叶里长吟,肥胖的黄蜂伏在菜花上……

师:轻捷的叫天子(云雀)忽然从草间直窜向云霄里去了。就是说,一提到百草园,你的脑海里立刻会浮现这些菜畦、石井栏、皂荚树、桑葚、鸣蝉、叫天子……这些事物是哪里的?百草园的,想到百草园的各事各物,还有吗?

芷涵:想到何首乌、美女蛇。

浩文:蟋蟀、油蛉、蜈蚣,还有从后窍喷出烟雾的斑蝥。

师:想到百草园的各种植物动物。那么《散步》呢?

陈韵:我想到……一家四口……一家四口有我、母亲、妻子、儿子,这个过程当中,因为母亲和儿子有分歧,母亲要走大路,儿子要走小路,我觉得陪伴孩子的路还长,但陪伴母亲的时间短,所以选择走大路。但后来母亲又觉得心疼孙子,所以选择走小路。

师:嗯,你是认为作者选材的意义打动了你吗?就是中年人上有老下有小。然后,你觉得作者的素材是散步就回来吗?不是的,产生了分歧,这就是事件当中的障碍打动了你。这是我们刚才从电影里发现的选材思维,来验证我们课本的选材思维。

还有吗？学生答不上来。

师：其实他们是在小区里散步吗？是这个秋天吗？不，是在南方初春的田野，大块小块的新绿随意地铺着：有的浓有的淡，是在这样的时空中散步，这一点给我很深的印象。

师：《我的叔叔于勒》，你想到什么素材？

晓佳：想到那个菲利普夫人，于勒叔叔有钱并且想补偿我们的时候，他就是一个正直的人，有办法的人。当遇到他在船上卖牡蛎（学生错读为杜蛎），满是皱纹，看到这么一个败落、贫困又没有钱的于勒，于是他就是一个贼、一个流氓。这就是揭示社会中的势利、唯利是图。

师：你真能说！一口气说一大串，对课文非常熟悉！我们读读选择素材的四种思维：

生齐：意义、时空、障碍、视角。

师：晓佳说的是哪种选材思维？从若瑟夫的角度看待母亲菲利普夫人对待于勒前后截然不同的态度，这是从视角的方面选材。

那么，作者选材，要么只是从意义、要么只是从时空、要么只是从障碍、要么只是从视角方面打动作者和你，还是综合运用多种思维选材呢？请读《走一步，再走一步》选段。

生齐读《走一步，再走一步》选段。

师：我听你们没有读出紧张感，倒是读得很轻松。（学生笑）

这件事发生在这样的时空，暮色苍茫，暮色四合的悬崖上，在这样的情况下，作者越来越紧张，要是这么晚了还没有下来，他要么是蜘蛛侠或者蝙蝠侠，或者成为风干肉（学生笑）。这时，是父亲引导他走一步再走一步，所以印象尤其深刻！这就是从障碍与意义方面打动你的。

是的，素材可能不只有一个点打动作者，可能有多个方面打动作者，也可能是素材的多个地方打动读者。今天送给你们一句话：

生齐读：写作只有打动自己，才能感染他人！

师:今天你们学习的四种选材思维,请齐说:意义、障碍、时空、视角。

浩文,你的字写得漂亮,你来板书吧!(板书:意义、障碍、时空、视角。)

如果我们能把这四种思维应用于我们的写作,学以致用就好了。灯片出示题目:

阅读下面的材料,按要求作文。(长沙市南雅月考作文题目)

儿子:爸爸,为什么有的西瓜甜,有的西瓜又不甜呢?

爸爸:甜的西瓜是因为被阳光照耀的时间长啊。

儿子:那地里的西瓜不是都在接受阳光的照耀吗?

爸爸:是啊,阳光是公平的,它一视同仁地照耀着所有西瓜。可是有的西瓜怕热怕晒,躲在叶的阴影里,不肯接受阳光的照耀啊!

上面的材料引发了你怎样的联想、感触或思考?请自选角度,自主立意,自拟题目写一篇文章。

要求:

① 可以写自己的经历、感受,可以讲述自身的故事,也可以发表议论;

② 文体自选(诗歌、戏剧除外);

③ 不少于 600 字;

④ 不得抄袭,不要套作,文中不得出现自己的真实姓名、校名等相关信息。

师:我们指导审题后,明白题目主题是:不要怕磨砺、困苦、挑战,才有可能成长、收获、成功或者获得甜蜜。

学生交流,准备口头说如何选择素材。

子俊:我写主动洗衣服,我以前老是依赖妈妈为我洗衣服,后来妈妈认为我长大了,不给我洗衣服,我就一直等,一个星期了,我都没有衣服换洗了,我妈还是不给我洗衣服,我的衣服都臭了。我只好自己洗衣服,我洗呀洗呀,几乎洗了一天才洗完。我是根据障碍选材的。

师:你受磨砺后才有收获,你把洗衣服时遇到的障碍磨砺说清楚了吗?

如手洗肿洗红，人累得腰酸背痛，你恰好这个地方没有突出。

恺睿：我那时候体训，我是足球队的，那时又矮又矬。我每天只能坐冷板凳，只能坐在下面看，我就每天坚持，如《走一步，再走一步》一样，先努力达到只跟别人差半圈，然后差几百米，200米，最后能跟上队伍。我是从障碍角度选择这个素材的。

师：你做得很好的是，先说明了选择素材的思维。

师：若是有两个素材都从意义、时空、障碍、视角的某个方面打动了你，你又该如何选择素材呢？请开始写作一小段，记住，要从刚才学习的四个角度选择素材写一小段。

老师出示收集的学生平时写作运用较多的素材：岳阳楼登楼、君山拔河、梅田湖研学、大围山、生地会考、学画画、生病挂号坐地铁、吹萨克斯、学滑轮、学做饭菜、学湘绣、骑自行车引体向上、减肥瘦身、1500米长跑……（幻灯片）

师：浩文，你在研学活动中，大围山和岳阳楼对你都有意义，而且你的文章又很注意时空描写，写得很美，你是如何选择素材的呢？

浩文：我在岳阳楼和大围山的素材中，选择岳阳楼，因为刚学过《岳阳楼记》，我可以运用其中的名句，而且大围山是初二去过的，岳阳楼是刚去过的，素材是新的！

师：若素材都打动了你，则选择新的素材，时间也是新的，请读你写的段落。

浩文朗读自己写作段落：岳阳楼登楼。

我是从意义角度选材的：当我登上岳阳楼的那一瞬，才得以真正地领会到什么是"上下天光，一碧万顷"（学生"顷"字读错了）。虽说没有"沙鸥翔集，锦鳞游泳"，却看见"岸芷汀兰，郁郁青青"。回首望屋顶，只见共有七七四十九只白鸽跃然于上，顿时内心产生了"不以物喜，不以己悲"的雄伟阔气；饱览了"洞庭天下水，岳阳天下楼"的盛状；领会到了"先天下之忧而忧,后天下之乐而乐"的博大胸襟。

泽成:我在梅田湖的篝火晚会和 1500 米长跑的素材中有纠结,因为在梅田湖的篝火晚会时,我是主持。

师:最后你怎么选择?

泽成:我选择 1500 米长跑,因为我从来没有尝试过,所以感觉更有意义!

师:读你所写的段落,你是主持,还用曾老师读吗?

泽成:有些事,没有尝试过,你永远不知道自己的潜能有多大,就像这次跑 1500 米,我以为我不行,结果我成功了,靠的是心中不服的信念!别人行,凭什么我不行!跑完了这次 1500 米,相信以后面对任何事,我不会再退缩了!

泽成:我要为这个男孩喝彩!(全班热烈的掌声!)

芷涵:我在生地会考与挖凉薯的两个素材中,选择了挖凉薯,因为写生地会考这个素材容易"撞车",而挖凉薯这个素材是新颖的,独特的。

师:在两件事情都有意义有触动的基础上,选择新颖的! 对,选择素材能动我心还要出新!

请记下笔记,写下这两个词:动心与出新!

善于学习,善于迁移,才会有进步,我们看 2019 年的中考素材,主题是已经审好了,一类立意是自主独立。有同学写着写着就跑偏了,你们有什么经验或心得吗?

晓云马上主动拿起话筒,老师笑了:好! 真正勇敢的男孩,是敢于亮出自己,不错!

晓云:我就是喜欢跑题的那种。

师:那你怎么办呢?

晓云:按照您说的,写了 600 字,我就往回看,我一看,发觉自己有 400 字跑了题。(生大笑)我赶紧在结尾把自己拉回来。

师:晓云,孩子,今天我们总结的从四个方面的选材思维——意义、

巧择素材立意明

先材有法

心 新　意义　时空
　　　障碍　视角

贵乎得法

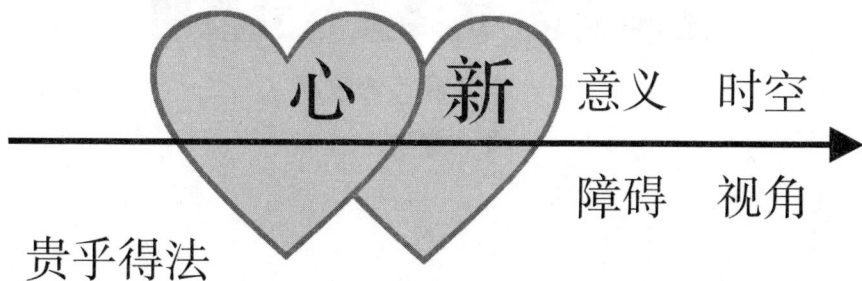

障碍、时空、视角,如果对意义有感觉,你就围绕意义写好自主独立主题这一段,然后再往前后推动展开你的故事,这样,对于克服跑题,很有作用。你要么从表现主题的时空的细节或者障碍的细节详写,这其实就是我们曾经常说的写好环境描写的细节,或者人物在事件当中的神态、动作、语言等细节。

生齐读:故事好比一根树干,它的详情细节就在那上面越长越多,好像菌类在一个树桩上繁殖一样。

师:写好自己的故事,以小见大,文以载道,立德树人,从四个角度选材还是有讲究的,我总结为,选材有法,得乎其法,请做笔记。

(作者系中学高级教师,长沙市南雅中学教师,雅礼教育集团语文名师工作室骨干,长沙市骨干教师)

教学反思：巧择素材立意明

—— 写好自己的故事

文 / 曾素云

∨∨∨

一、课堂思有路，遵路识斯真

雅礼语文名师工作室一直注重探究"注重新课标背景下课堂教学的逻辑构建与活力生成"。

一堂好的写作课本身就如一篇好的文章：写作教学重点明确，难点突出，详略得当，有高潮有亮点，注重活力生成；课堂的结构应分明，课堂的教学环节应环环相扣。

《巧择素材立意明》写作指导课我主要想引导学生明白素材选择中三个层次的问题：第一，众多素材中如何巧择使主题立意明（详）；第二，同时符合思维的两个素材如何选择使主题立意明（次详）；第三，一个素材中如何选择哪个素材部分使立意明（次详）。这在课堂上是有很好的指导和实践意义的。三个环节唇齿相依且逐层递进，符合学生的认知逻辑。即众多素材中，从意义、时空、障碍、视角四个方面最能打动自己的素材中选择；同时符合思维的两个素材，选择动心与出新的素材；一个素材中择最动人心最有细节的素材。而且从电影、课本归纳出的选材思维，再运用到月考和中考真题中实践训练引导,特别注意文本—理论—实践的有机结合。

刘昭文老师点评,课堂非常注重真实语文情境下的写作教学,注重课堂逻辑构建,非常注重语文课堂的真实,是很符合执教者现场表现的。

二、清风吹涟漪,心动更行动

作文教学应该与时代同步,贴近学生生活,课堂从电影《我和我的祖国》入手,讨论分析。因为素材选取新颖、及时,容易激发学生的兴趣。反之,也引导学生将语文与生活密切联系,引导学生关注鲜活的生活,不要闭门只读圣贤书。且能在观影之后,引导学生学会冷静下来用语文的眼光去观察,用语文的头脑去思考生活。生活有多么广阔,语文的外延就有多么广阔!爱生活爱语文,素材选择五彩缤纷!

再结合向课文学写作。邓志刚语文工作室一直在引领雅礼人用课本教好写作,这实在是个特别棒的理念,很好地体现课文范例作用。我也一直在这方面探讨实践,这堂素材选择课,我努力借鉴教材,指导学生有样可依地学习写作,从熟悉的课文入手,学生容易进入状态。

《巧择素材立意明》的素材选材指导课,是我在梳理了人教版七年级至九年级的所有记叙文素材选择的基础上,整合教材的七年级下册第四单元写作:怎样选材;八年级下册第六单元写作:学写故事;九年级下册第六单元写作:有创意地表达,引导学生从意义、障碍、时空、视角四种角度巧择素材的思维,完全原创!通过指导,学生懂得"选材有法,贵乎得法",使文章主题明确,写好自己的故事。刘昭文老师认为这是自出心裁。板书设计精练出新,课后的教学设计也立即得到《全国优秀作文选》编辑的约稿。

课堂活力的有无,不能完全看才子专家的评说,或是授课老师的自我感觉,真正的检测专家是课堂主体:学生。本堂写作课,学生现场生成在月考题上的口头表达与段落写作上很精彩,其中谭奕瑄、吴晓佳、王一惟、王子俊、刘芷涵、胡恺睿、皇甫浩文、张泽成等在选择素材的思维运用上,特别有效。尤其张泽成，有两件都能打动自己的素材：主持梅田湖篝火晚会与运动会 1500 米长跑，他纠结后能快速选择 1500 米跑，是因为他觉得 1500 米长跑对于自己更有意义；刘芷涵有两件都能打动自己的素材：生地会考与挖凉薯，她选择写挖凉薯；皇甫浩文有两件都能打动自己的素材：爬大围山和登岳阳楼，她选择写登岳阳楼，是因为更有新意。这些思考与表达都很出彩，现场显示了思维引导的实效。而且课堂越深入，活力越彰显。

三、教学无止境，且行且遗憾

（一）给学生足够的自主时间，才会有思维的智慧

我搜集和准备了很多的素材，但在课堂上 40 分钟只能讲一个点，如果这节课我只进行向电影学写作，去掉向课文学写作环节，结尾去掉中考这个题目，学生有足够的时间开始将电影聊开了，让学生进入状态，那么学生从电影中，就更容易总结出三到四种思维，然后在月考题中练习运用这四种思维，现场的生成应该更自然和更精彩，老师也会更轻松，这堂课就更出彩，听课老师也不会觉得思维转换太快，素材转换太多。刘炜伟老师评价课堂厚重，恰如其分，但因为太厚重，所以推不动，就有植入概念的毛病，学生思考讨论时间不够，现场生成和课堂的活跃度打折。正如我与刘智锋老师私下交流的反馈：课堂应该让学生多说，运用归纳法，课堂才能水到渠成，比老师运用演绎法更容易推动。所以备课使用素材一定要学会做减法，给足学生自主思考交流的时间，才会让快思维与慢思维的学生，都能在课堂有活力彰显。

（二）养成好的备课习惯

备课更要咨询明白公开课的具体要求，不做无用功，保证自己有充分的时间思考准备；平常做课件习惯要好，譬如字体居中，素材不要太多，那

么在这个修改上面就会少耗时间,提高效率;教学语言应更规范更简明,教学活力与效果会更佳。另外,我也思考了很多老师的担心:运用多媒体技术,如用课件上课,容易限制老师上课的灵活性,我认为,可采用拖挂式课件形式,如加一节火车车皮一样,每节课可另外独立备用一两张幻灯片。根据现场生成启用,这样不会为了上完 PPT 上已备好的内容,限制讲课的随机生成,这对于一直被大家诟病的 PPT 牵制老师上课思维,限制现场生成的灵活性问题,应该是一个有意义的建议。

教师面对的每一届学生,每一天的学生都是新的,教师不可以凭年龄或经验即故步自封。经历即成长,适用于所有老师和学生,不计年龄、不惟经验、不惧流俗、敢于尝试、敢于创新,方可牢记使命、不忘初心。

（作者系中学高级教师，长沙市南雅中学教师，雅礼教育集团语文名师工作室骨干,长沙市骨干教师）

课堂实录:谋篇布局之捕捉转机

文 / 刘　蓉

∨∨∨

授课时间:2019 年 4 月 25 日下午

授课地点:长沙市雅礼雨花中学录播室

执　教　者:刘蓉

学　　　生:雅礼雨花中学初三 1606 班

一、导入新课,引出课题

师(生活情境引入):这周日,我们的体育中考已经结束了。但是有一个场景却让老师记忆犹新。跑道上,一个远远落在队列尾巴上的女生引起了我的注意。她的姿势很是别扭,右脚每向前迈出一步,脚尖先要在地上点一点,然后再把整条腿拖出去,可是左脚却能很利索地跨出去。然后又是右脚点、右腿拖、左脚跨。旁边的人群里,有许多同学和我一起看到了这一幕,大家的表现各不相同。有人哈哈大笑:"快看她,她的姿势好有意思啊!"有人在满怀关切地小声嘀咕着:"她怎么啦?是生病了,还是受伤了?"还有人双手聚拢合成一个喇叭状,用力地呼喊着:"加油!你一定会战胜自己的。"同学们,如果你在场,你会是哪种表现?

1. 哈哈大笑："快看她——她的姿势太有意思了！"

2. 满怀关切地小声嘀咕着："她怎么啦？是生病了还是受伤了？"

3. 双手合成一个喇叭，大声呼喊着："加油！你一定可以战胜自己。"

生：我想我会是第二种。

师：你一定是一个心怀友善、宽容的孩子。有没有不同看法？

生：我会是第三种人，毕竟是体育中考，还是希望她战胜自己。

师：你的体贴善良令人温暖，生活中有你，真好！看着这位同学，不由自主地，我把自己当成了这位小女孩。同学们也来体验一下：当你使尽全身力气向前奔跑时，听到哪一种声音会泄气、会消沉？哪一种声音会让你产生动力坚持到终点？哪一种声音会使你在艰难到达终点后，感受到幸福？

生：如果是第一种的话，我会没有信心跑到终点；而如果是第三种的话，我就会信心百倍了，会一直坚定着跑向终点。

师：当你遭遇困境时，总是会殷切地渴望着"转"机的出现，于是生活就真的呈现出完全不同的面貌。仔细揣摩蕴含的转机，能发现自己思想境界的成长。今天这节课，我们就来捕捉"转"机。（板书：捕捉转机）

二、病文探究，学习写法

师：在我们年级里，也有一位男孩，他就急需这样的"转"机。请看学案的材料一《一个"在外面"的人》。文章一开头，就直接写他遭遇了困境，他到底遭遇了哪些困境？

生：他受到老师和同学的不待见，被排斥、被孤立。

师：这其实就是文章的"起"。（板书：起）同学们能不能找到具体写到了哪些细节？

生（朗读课文细节）：他总会冷不丁从背后拍人，在别人心悸之余总会换来一记白眼；他经常兴致勃勃地插入同学们的谈笑，回应却是一次次的冷场，人走茶凉；他老是下课紧随着老师谈天说地，援疑质理，收获却仅仅是老师面带怒容的呵斥……

师：不论是同学，甚至是老师；有时是上课，有时是在课间，他总会受到各种各样的冷眼。这是故事的"承"（板书"承"）那么，到文章结尾时"我"对他的情感是怎样的？是不是被理解了？

生：从"他一定值得我们、值得每一个人更好地对待"可看出他得到了理解和尊重。

师：这就是文章的"合"，可是，由被排斥到被理解，小作者有没有写出具体的事件呢？

生：没有。

师：勾起我们好奇心、最想读到的地方，小作者却没有写出来，真是遗憾！老师认为：在不知不觉间，一定有什么特殊的事情发生了，使"我"对他的认识在发生转变。同学们不妨看一看你身边的同学，有没有曾经你不那么欣赏，但相处三年后你发现他的确值得我欣赏甚至是学习的人。请调动大家的生活积累，我们来为这篇文章补一补引发"转"机的情节。从学案作业来看，很多同学觉得为难，那先请大家在小组内相互听一听、聊一聊，相互借鉴。

生小组内交流，师巡回观察，相机提示。

师：把我们内心的想法与大家沟通，就能找到生活的光亮。一个在外面的人，需要我们给他制造转机，制造转机的方法来自我们善于捕捉。哪位同学来说一说，你是怎么设计"转"的情节的。

生：我写的是班级有一次举行演讲比赛，平时默默无闻的他第一个报名，讲述了自己不为人知的故事，于是我们理解了他。

师：他的叙述打动你了吗？是哪一处打动了你？

生1：这个情节写得还不够细致。

生2：……

师：原来还在思考中。再请一位同学试一试。

由象及道悟"春意"

生3:我写的真的是生活中一件细小的事情。(生笑)

师:有多"细"?

生:作为数学课代表的我,下课要忙着拿作业。那一天轮到我擦黑板时,他却悄悄地帮我把黑板擦了。

师:还有一位同学同样是写擦黑板,我们来听听他是怎么写的吧!

生:下课铃响了,我急忙跑出教室,想远离他。却没料到我的餐卡落在教室里。我不情愿地跑回教室,却从窗口中不经意地看到他矮小的身影,踩着椅子,努力地够着黑板的上端去擦老师的板书。而黑板的下端已是干干净净,就连粉笔的痕迹都无影无踪。我偷偷地走进教室,垃圾都消失了,讲台也被摆放得整整齐齐。我拿到餐卡走出教室,又看到擦完黑板的他满意的神情。

师:两位同学都写擦黑板,哪一位同学更能打动你?

生:第二位同学写的能打动我,他写得更细致,能看出他虽被排斥,却仍然默默无闻愿意为班级做贡献的品质。

师:两位同学写同一个题材,后一位同学以什么取胜?

生:细节。

师(板书:细节 转):细节该如何转呢?昨天的作业其实老师要求借鉴三个文段的方法,三个文段中哪一篇以细节取胜?

生:《背影》。

师:《背影》是如何写细节的,大家请从第六段中找出能触动你的细节。

生:爸爸虽然很胖,却依然为"我"过铁道爬月台买橘子的细节。

师:大家一起来读一读这个动作细节。

生齐读。

师:作者为什么要写这个细节?

生:表达父子情深。

师:请大家再看看这一段中的语言细节:"我买几个橘子去。你就在此地,不要走动。"请大家揣摩揣摩:什么年纪的时候,你的爸爸会这样和你说话?

生齐:小时候。

师:其实此时我已经20岁了,这个语言细节与作者的年龄之间是一种顺和的关系还是有反差的关系?

生:有差异。

师:同学们,我们要找细节没有错,但是找什么样的细节才能实现"转"呢?

生:应该要找带有矛盾的细节。

师:和谁有矛盾的细节呢?

生:与前文的起、承有矛盾的细节,这样就能实现转。

师:这样的一种"转"法,是不是有点类似一个娱乐节目:反转。(完善板书:细节反转。)

师:《背影》中还有没有这样反转的细节呢?同学们很慎重,老师提示一下:此时的"我"看到父亲为"我"买橘子,"我"有怎样的表现?

生:流泪。

师:"我"之前是什么态度?

生:认为他"迂腐"。

师:前后变化,说明"我"理解了父亲,此细节说明"我"已经理解了父亲。我们要善于寻找与前文"起""承"部分不一样的细节,这样就能实现反转。这是《背影》告诉我们的方法,那《夜雨寄北》这样一首绝句中,用什么方法寄托自己的思念之情呢?

生:想象。

师:是啊,在今日离别之时,想象未来重逢的情形,也实现了"转"。大家再看看《卖火柴的小女孩》,眼前只出现了一根小小的火柴,却想到了什么,请大家齐读。

由象及道悟"春意"

生：多么温暖多么明亮的火焰啊，简直像一支小小的蜡烛！这是一道奇异的火光！小女孩觉得自己好像坐在一个大火炉前面，火炉装着闪亮的铜脚和铜把手，烧得旺旺的，暖烘烘的，多么舒服啊！

师：都是在运用想象，这是一种怎样的"转"？

生：逆转，现实与想象之间差异巨大，实现了逆转。

师：老师还想请一位同学展示自己补写的情节。

生：我写的是这样一件事：有一次，我走路太匆忙，被绊倒了，摔倒在讲台边，摔跤的姿势特别滑稽，引得同学们哈哈大笑，却没有一位同学来把我扶起来，只有他，伸了一把手将我扶起来。

师：当你被扶起的那一刻，他在你心目中的印象肯定发生了转变，此时，你会想到什么呢？比如：此时此刻，他在我的心中，就是一个"英雄"！这是不是就是在运用想象。因此，哪怕是一件再细小不过的事情，他的"转"也许不会惊天动地，但是我们捕捉到触动人心的细节，并加以想象后，我们可以把情感推向更高处，让境界变得更高远！

三、总结反刍

因为"文似看山不喜平"，"转"这个部分，就是文章"不平"的关键所在，我们可以通过细节反转、想象逆转，当然，还有很多方法，让转写得开合有度、跌宕起伏、境界高远。

四、学以致用，再创作

师：请大家运用本节课我们所学习的方法，进一步修改"转"的部分，你甚至还可以不受原文主题所限，把转变引向其他的主题。

生（现场升格修改）。

师：老师发现了一个奇妙的现象：刚下笔时，无话可写；一旦动笔来写，就会有许多许多的细节涌现出来。比如这位同学。

生：下课时，本来喧闹的教室突然变得鸦雀无声，如同掉入深渊的小石子，久久不见回响。平日里一个个昂首挺胸、好不威风的同学，现在却都低下自己高贵的头。"我来、我来！"他的一句话打破了教室里寂静无声的尴尬。整整一个月，他的这句话仿佛每天的下课铃声一般，总是按时被他喊起，班级、学校的所有志愿者活动处似乎成了他的定居所，他就那样孤零零地干活，毫无怨言。有一次，刚从厕所出来，他那矮小而佝偻的身影出现在我的眼前，他抬起头看了我一眼，露出他的笑颜。平日在我看来是那样几近狰狞的微笑却是如此令人温暖。

师（指发言者旁边的学生）：请对照黑板说一说，这位同学哪一种捕捉转机的方法用得比较好？

生：细节描写写得较好。

师：他用了哪些细节？

生：对整个场面"面"的描写较细致，微笑由"狰狞"变得"温暖"是运用想象。

师：真的是"想象"吗？还是对往事的回忆与联想呢？看来，这位同学还从中总结出捕捉转机的另一种方法：联想。把现在的他和以前的他带给我的截然不同的感受写出来，这是一种什么转？

生：旋转行不行？

师：在没有想出更好的词之前，只要大家能理解，老师就采用你的方法吧！

现在我还想请刚刚发言同学的同桌来点评。（板书：联想旋转）

生：我觉得他还运用了比喻的修辞手法来深刻表达情感。

师：他的比喻修辞侧重于从哪一个方面表现转？

生：联想旋转。

师：同学们，你敢勇敢地表达自己，或者去点评同学的创作，其实对你对他都是在捕捉甚至制造转机，何乐而不为呢？

由象及道悟"春意"

五、结束语

师:这一节课,老师一直在试图把整节课谋划为一次起承转合的故事:首先关注了一位需要关心的跑步同学,继而我们把目光投射向一位被漠视甚至是轻视的同学,最重要的是我们一起来为这位同学捕捉生活中的一个个转机,因此成就了在座每一位同学的成长。

仔细一想,我们初中三年又何尝不是大大的起承转合:刚进入初中,我们满怀梦想;三年下来,一路风雨、过关斩将;到现在,希望大家用坚持、用努力去赢得一次次转机,最后实现自己的小小梦想。

原来,生活中处处皆是起承转合,但处处都需要我们的谋划,谋划文章也就是在谋划人生。人生需要转机,我们要做的便是:潜心静气做自己,蓄势待发,奇峰突起!

六、作业

师:以本节课开头老师设置的情境材料写一篇文章。

(作者系长沙市雅礼雨花中学语文备课组长,雅礼教育集团语文名师工作室成员)

教学反思：作文的布局谋篇之捕捉"转"机

文 / 刘　蓉

∨∨
∨

在授完《作文的布局谋篇之捕捉"转"机》新课后，我深深地舒了一口气的同时，感慨良多。

首先，从我自己一路试教的每一个班级孩子们的直接效果来看，每一个授课班级的孩子，都通过我的引导和课堂学习，在不同的生长处，达到了真正的"自我发展"，课堂表现上便有欣喜甚至是惊喜出现。然后，从一路陪同我试教听课、评课的同事反馈学生之后的作文效果来评价，学生在写作中重点不突出的问题不但得到了重视，并且能有针对性升格修改，有效地解决布局谋篇中的实际问题。

当我冷静下来，整理这一堂课备课的各项资料，回看这一节课的教学录像后，我也开始了深深的思索。

一、一切教学思考的出发点和落脚点都在于"学情"

只有基于真实学情的教学，才是有效、高效的教学。以本堂课为例，为了了解学生在作文布局谋篇上真正需要解决的问题，我几乎翻阅了全年级孩子本学期所有的作文，去搜寻他们在布局谋篇上的最突出问题，最终发

由象及道悟"春意"

现：在叙述一件完整的事情时，学生普遍存在以下三个问题：思路不明晰、详略欠妥当、重点不突出，而重点不突出的问题尤其严重。

为了寻求解决问题的办法，我结合雨花区刘炜伟语文名师工作室"读写结合、读写一体"的研究方向，探求教材中文章是如何做到重点突出的，因为无论我找什么教学素材，学生最熟悉的材料就是教材中的课文。

在发现"起承转合"这种最为经典的行文方法能帮助解决问题时，我曾设想在一堂课里，让孩子们掌握"起承转合"四步，最初的试教证明，那明显是脱离学生实际的做法，于是不断调整教学设计，最后根据学生实际，甄别"起承转合"结构中学生问题的大小程度，最终确立"捕捉转机"作为教学内容。

由此观之，如果说这堂课我有成功之处可以借鉴的话，那就是多渠道深入了解学情，把学生的需要作为课堂设计的中心任务。也许日常的授课达不到如此的极致，但是心中有了学生，课堂才会有真正的活力。

二、课堂教学中教师要有真正的"逻辑构建"

其实，我平日是一个比较随性的语文老师，教学设计往往活泼有余，但是实在经不起推敲。偷师余映潮老师的"板块式"教学法的皮毛后，我以为我有所突破。经历一次次试教，一次次失败，又一次次改进，我逐渐发现：一节完整、严谨的语文课里，不但教学环节之间要经得起"逻辑推敲"，每一个教学活动甚至每一处教学语言都需要遵从语文学科本身的逻辑体系。

"作文的布局谋篇"教学是一个系统的大工程，要选出适合教学的"点"不易，要能找到切中学生作文布局谋篇弊病的"病灶"更不易，还能给予学生解决问题的"钥匙"尤其不易。

以本节课的"导入"环节为例，最开始我的设计是思考汉字"章"字是由"立早"还是"音十"构成，告诉孩子"理解汉字的内涵得讲章法"，那么写一篇文章也得布好局、谋好篇。单从激发兴趣角度考虑，课堂还是很有生气的，但是这与课堂的真正目标到底关系不大。最终上课时，我采用的导入是一个情境化材料，材料来自学生的真实生活，材料构成遵从的就是"起承转合"的构思方式，材料中最重点部分与新授内容"细节反转"暗暗契合，调动学生回忆自身经历的过程又与"想象虚转"之方法形成对照。最后布置作业又是以此为情境化材料去创作。

一个简单的导入环节，通过真正的逻辑思考，就能对整节课的教学产生良好的影响，并且"牵一发而动全身"，形成良好的教学效果。那么推而广之，每一个教学环节的设计我们都应该深入思考，环节上才能渐渐地走向简洁，思路才能变得明晰，语言上才能真正富有启发性，于是，一节语文课，就能做到老师舒心、学生有收获、课堂有意义。

三、一堂有活力的课才是一节有意义的课

语文课，特别是作文课，要努力打通课堂与生活、文本与生活、写作与生活，力求让课堂情境化、情境生活化、生活文本化。让写作学习，始终在"活生生"的情境中进行。

首先，教学中，既要有学生的个人参与，也要有全员投入。各层次的学生通过老师的有效点拨，始终处于一个思维活动的"场"中，学生的认知和情感都在学习活动中获得生长、发展，课堂真正成为促进师生提升的活动场。

其次，教学都应该是"渗透浸润"的。学生获得的不是固定的、他人授予的纯客观知识，而是融入了个人情感、体悟的全新而真切的有意义的指导；老师的教也是顺势而为，依据学生思维的"流动"进行有意义的指导。

最后，既有"技"的指导，更有"道"的培养。作文教学容易陷入一个误区：技法训练头头是道，文德培养却在生拉硬拽。而本节课，从"写作"的起承转合作文技巧提炼，到尊重、创新等"做人"的引导，提高了学生的自尊感，让学生"乐于学习"。因此，在课堂结束之时，由作文引向"做人"：生活

中处处皆是起承转合,谋划文章就是在谋划人生。人生需要转机,作文需要捕捉转机。自我感觉里,只要用心构思,就能收到较好的效果。

"语文,即生活";人本主义教育大师罗杰斯在《论人的成长》中也倡导,课堂绝对不能让学生成为观望者,教师要做一个促进者,促进每一个孩子的发展,达到了这一点,便是有活力的课堂,也就是一节有意义的好课。

倡导"浅浅地教语文"的特级教师肖培东曾这样说过:好的语文课,都是家常味道,行云流水,没有刻意的做作,没有明显斧凿的痕迹,一切顺着语文的特点、文本的特质、学生的学情自然流淌,如苏轼所言的"常行于所当行,常止于不可不止"。而要能达到这样"浅浅地教",其实最需要的便是"深深地扎"。语文教学中,有意插柳,才能柳成荫;用心栽花,才会有百花齐放。

(作者系长沙市雅礼雨花中学语文备课组长,雅礼教育集团语文名师工作室成员)

后记：春章里的雅礼气象

文 / 刘昭文

　　很遗憾，站立讲台二十余载，从未任教过初中，一直混迹在一拨又一拨十五至十八岁青春学子的年华里。

　　今年趁开展工作室工作之机，而有幸多次在课堂上感受正处青春萌动的少年的生命气息，幼嫩，勃发，充盈着阳光的味道。这次雅礼集团初中作文大赛，又让我有幸倾听到我们雅礼少年生命里那一缕缕破土而出的春影春声春意。可谓：人到中年览春影，倍胜浮生千杯情。

　　透过这稚嫩、这阳光、这春影春声，我领略到的是一股股扑面而来的生命气象，朝气蓬勃，蓄势待发！

　　"涵养学校生命气象"，这是"雅礼"教育理念的核心之一。而这生命气象最主要的自然当属雅礼学

由象及道悟"春意"

子的生命气象。

心中每每念及"气象"一词，总有一股莫名的豪迈之情在心之一隅悄然滋生，然后抵达血脉，沸腾起一腔热血。什么是气象？很多时候想去翻阅词典，给自己一个准确的普天认同的定义。但很多时候准确即是定论，定论便是带上盖棺之味的死论。如当我们把春天里的那棵"碧树"解释为"绿色的树木"，那碧树充盈的春天还是我们心中的春天吗？普天认同即是个性的死海，只有死海才是普天一"色"的，没有了"我"海的浪涛与海藻，生命走向了荒芜。当我们把记忆里那在春光下爬满了雅礼彰任图书馆的爬山虎解释为普天认同的概念义"落叶藤本植物，叶子阔卵形，能附着在岩石或墙壁上"时，我们记忆里的春光还有吗？

气象，不是一个概念，而是一派由每一缕生命气息汇聚勃发而生，纳他我、万物于心的浩大天地。《春之道》中满怀对春天万物欣欣向荣的欣喜赞叹，用严谨而内蕴激情的古代文言对寒冬过后大地复苏之际万物春荣之象予以叙写，草浅雨柔、风拂雷动，云青水澹、燕归蛙出……呈递出的就是因万物勃发而浩大无际的天地气象。

气象，也不是万象归一、万物一性、可以批量生产地挂在墙上的印刷风景画，而是一道道充盈本我生命色彩及气息与精神的"自然"风景，我有我的江海气象，你有你的山原气象，他有他的瀚沙气象，这样的你我他才成就了寰宇气象。某某同学心中的春天是绝不同于某某同学心中的春天的。宋浩然同学感悟春天种子破土而出的生命气息而成就心中那份摒弃温床而向上成长的精神气象；梁家瑜同学洞察春花虽谢却留籽于世的生命色彩而成就心中那份乐观气象；孙雅歆同学更是从春天里香樟老叶凋零护新叶、敬老院老人自乐传家风里而参透"半城春落、一城春生"的宏大生命气象。

当我们用心去领会因四象轮回而重至我们眼前的每一个春景时，我们心中不会厌倦，反而滋生的是一种如春般万物始发的博大气象。

雅礼的教育就是在成就我们每一个学子生命里这一种博大气象。一百一十年的酝酿与积淀,等待着一百一十年后的我们的到来。

而我们有幸在生命的春天里与雅礼来了一场酣畅淋漓而又沉潜谦和的邂逅。

一百年积淀而成的教育气象与正值年少的生命的相遇,必将成就一个个如春天般生机勃勃的宏大的生命气象。

气象如一棵广博而参天的大树。一棵气象大树的形成必有其深邃而广袤的根。

曾听很多老师和同学说过,选择雅礼是因为"雅礼"。雅礼源自西方教会,却根植于中华三千年文明。

《论语·述而》有云:"子所雅言,《诗》《书》执礼,皆雅言。"译为现代汉语即为:孔子有用雅言的时候,读《诗经》《尚书》和执行(赞)礼事,都用雅言。这里"雅言"可以做两种理解:

一为雅正之言。这是千百年来研究者所认同的一种解读。而雅正之言指的是周王朝的京畿之地(在今陕西地区)以陕西语音为标准音的周王朝的官话,在当时被称作"雅言"。孔子平时谈话时用鲁国的方言,但在诵读《诗》《书》和执行礼事时,则以当时周王朝京畿官话为准。我们结合孔子或儒家的思想稍微推想一下:孔子为什么在庄重的情境或场合之下就会摒弃本国方言而言周王朝的官话?原因很纯粹,那就是孔子心中那一股对把"尚礼"作为治国方略的周王朝盛世的无限崇敬与怀念之情,简而言之,也就是对礼的一种坚守,对当时传统的一种坚守。而礼的内核即是对本我与他我生命的一种无上敬意,周公旦当年首创并推行礼乐治天下,虽政治目的在息纷争而平天下,但其本源之思绝对是基于对天下子民生命的关照爱惜。

所以,放在今天,对"雅"的持守,就是对传统对礼的始终不弃,就是对万物生命的虔敬之心。

雅礼气象，也应该是以敬苍生万物，敬滋滋而生的生命为根为源为内核的宏大而谦和之象。

透过雅礼少年一个个有关春的文辞，我读到了雅礼少年生命气象里正在滋生的这一份对生命的礼敬之语：文奕同学的"从春鼓春社到春耕春耜，从春雷春雨到春犁春种……无不葳蕤出风情万种，绝非春花春柳的一枝独秀"；张婧珂同学的"无论接下来的路途有多坎坷，中国都会搏动着一颗顽韧的心，无畏牺牲，拉裂冰层，向着一个自由平等而富强的春天迈进"；王子轩同学的"桃红杏雨张开了眉眼，细抹胭脂；苍翠松竹挺立着身姿，生机盎然"；蔡津宜同学的"春又一次来提醒我，衔着春天走进风沙里，要不怕前路，不忘归途"；唐源清同学的"轻柔的春风吹拂着树枝，鸟儿在枝头歌唱，桃花、李花、樱花、蔷薇花竞相绽放"；胡骏晨同学的"我将春的精神轻揽入囊，芳菲岁月，不奋斗，不青春"；石可汉同学的"嗟乎，春何博也，道亦灵奇矣哉！"

二为高雅之语。将"雅"诠释为高雅，究其源，我们可以上溯到《诗》内容三义"风雅颂"。其中雅部，即为周王庭歌唱的正声雅乐。这样，"雅"既然为高高在上的朝堂之乐，那自然就与民俗之乐不同而尽显其高雅纯美。而"雅"词之意也自然定格为"俗"的反义——"高雅"之上。雅乐唯有其美而不俗，方成其高雅，方能氤氲飘拂在高贵而华美的王庭之上。高雅与美就是孔雀与雀羽。没了华美的羽，孔雀如何成为孔雀，如何受万千民众喜爱与钦羡？

雅礼气象，即是以高雅与美之形之气为承载的儒雅高贵之象。

《论语》原典中，"雅言"是话题核心词，而"执礼"只是其中的一个带入词。一百多年前，雅礼的创办者即西方文明的传播者怀着对中华文明的尊重与敬仰，在三千年前的中华文化的源头搜寻到与"耶鲁"同音的词"雅""礼"二字，来作为雅礼之源。今天，我们除了对"雅"之源词"雅言"做一番深解外，还必须对"礼"之源词"执礼"做个必要的诠释（"礼"在前文已有解读，此处不再赘述），从而完成对"雅礼气象"的溯源。根正根清才能象茂。

孔子执礼时必弃方言说雅言，足见这位儒家圣者对执礼之举的重视与虔诚。"执"字源义指用手持物而不放，"执礼"可理解为"持守礼仪礼制"。结合前文"诗、书"是指孔子诵读诗经尚书这一具体的行为，那么"执礼"在原典语境中我们还应把它理解为孔子的一个具体的行为，那就应该是指在举行各类祭祀及典礼时所做的如宣唱仪节、叫人行礼等一套完整的行为动作，即与另一行为"赞礼"应很接近。以上是从词源上字面上对"执礼"一词做的一番诠释。在此基础上，我们再将"执礼"抽象化或内核化，也就是从"词魂"上做一下解读：执守礼仪所表现出来的执念是因为怀揣着对"礼"永不动摇的敬与信。

由此而推，"雅礼"的"礼"不仅是一个名词，更是一个动词，即因心有对"礼"的执念，而永执"礼"而不放；正是因这份执礼不放的信仰，雅礼积淀起了一股浩然正气！这股浩然正气也应该成为每一代雅礼人心中持守之气。

雅礼气象，是一种因怀揣对"礼"等高贵信仰且永不放弃而生的执念之象。正因这种"执念"才让雅礼气象浩大而雄浑，坚实而恒久！

品读雅礼学子咏春之章，我能感觉到这一因信仰而生的浩大气象正在滋生。

气象之生，自有其根，壤厚根深，方可叶茂。但破土而出之后，广纳天地万物之气，自然也是气象得以成就其丰富浩大的前提。中华几千年的文化底蕴如根般滋养着雅礼气象，而百多年雅礼人基于言"雅言"永"执礼"的信念与情怀而生发对寰宇万象的品鉴吸纳、对天地苍生的牵念关怀更让雅礼气象得以蓬勃向上，而成其丰富浩大。

四象更迭，万象始成。而四象之中首象——春，更是万物蠢蠢而动、勃勃生长、弃旧呈新的季节。踏进生机勃勃的田野，用心去感悟万物"春"象，去体会生命初生时的稚嫩与鲜活；让生命的细胞去吸纳天地"新"气，去激活沉寂一冬的气息:这样,必能丰盈我心,激荡我心,从而成就心中那一派丰富浩大的雅礼气象。

在那一派草春时生的春象之中,雅礼学子在徜徉。唐清源同学穿行在冬日悄离、春寒料峭的早春,石可汉同学思索于谷雨既过、立夏将至的己亥暮春,胡骏晨行走在春风拂绿、芳菲四月的家乡,文奕同学流连于春意流溢的春词春句。

对天时四象的体悟,让我们的生命真诚对话另一个生命。生命与生命的对话,才让我们真正体会到他我生命存在的价值,才让我们真正领悟到自我生命存在的意义,从而让我们学会了对天地苍生的关怀,从而让我们的生命气象终达最高境。八十多年前的昨天,雅礼学子何凤山怀揣对苍生的悲悯情怀,为拯救三千多犹太人的生命而辗转于连天战火硝烟之中。八十多年后的今天,从"行走在春天里"到参悟"春之道",从"欣赏春天"到"不负春意",从苏醒于"破冰而行的春天"到"覆一尺春光奔远方",我们雅礼少年的心也因春天万物生命的勃发而深感生命的高贵与伟大,深悟自我生命的意义所在——担当宇宙!

神州大地,四象更迭。千百年逝,又迎"新"春。雅礼正在这一派新天地之中,成就它新的气象!

(作者系中学高级教师,雅礼中学语文教研组长,雅礼教育集团语文名师工作室首席,长沙市卓越教师学科带头人)